소상공인을 위한
온라인
광고 플랫폼

온라인 마케팅, 나도 할 수 있다!

소상공인을 위한 온라인 광고 플랫폼

최재혁, 홍승모 지음

소상공인의 돌파구가 되어 줄
실전 온라인 마케팅 지침서

다온북스

　　인터넷이 활성화되고 온라인 광고가 등장하기 시작한 시기, 대기업에서는 온라인 마케팅에 크게 관심을 두지 않았다. 그 당시 대기업이 온라인에서 하는 광고라고는 네이버, 다음과 같은 포털 사이트나 온라인 뉴스 매체의 메인에 노출되는 배너 광고가 전부였다. 오히려 TV, 라디오, 신문 등 매체 광고에서 소외된 소기업, 소상공인들이 소규모 배너 광고, 키워드 광고, 블로그 마케팅 등의 온라인 광고를 적극적으로 활용했다. 지역 고객뿐만 아니라 전국각지로 홍보할 수 있는 온라인 마케팅 덕분에 소규모 매장으로 시작했다가 전국적인 사업을 하게 된 이들도 많았다.

　　그러다 점점 온라인 이용자가 늘어나 TV, 케이블의 시청률과 신문 구독자 수가 점점 더 줄어들자 대기업들도 온라인 광고로 눈을 돌리기 시작했다. 광고할 수 있는 공간은 한정되어 있는데 대기업이 온라인 마케팅에 뛰어드니 소기업, 소상공인들에게 주어진 기회는 점점 줄어들고, 광고비는 오르기 시작했다.

하지만 이제는 전체적인 온라인 서비스 이용자 수가 늘었을 뿐만 아니라 그 종류도 다양해져 포털 매체 중심에서 유튜브와 같은 SNS 매체, 전문 서비스를 제공하는 애플리케이션 등으로 이용자가 확산되고 있다. 게다가 온라인 광고 기술이 발전하다 보니 다수에게 제공하는 광고보다는 소규모 타깃팅 중심의 광고가 성행하게 되었다. 그러니 매체를 잘 선택해 집중한다면 대기업처럼 많은 홍보비를 들이지 않더라도 충분한 홍보 효과를 누릴 수 있는 기회가 늘어났다.

온라인과 오프라인이 하나가 되는 세상

2019년 발생한 코로나19로 인해 사람들은 2년 가까이 외출을 삼가하며 점차 온라인으로 모든 것을 해결하기 시작했다. 이에 맞추어 기업들도 집밖에 나가지 않아도 필요한 것을 해결할 수 있는 서비스를 제공하기 시작했다. 2년 동안 이런 서비스를 이용하다 보니 소비자들은 어느새 '집콕' 생활에 무척이나 익숙해졌다. 집 앞까지 세탁물을 배달해 주는 '세탁특공대' 같은 서비스 업체가 있는가 하면, 마트에 가지 않아도 장을 볼 수 있는 '마켓컬리'와 같은 쇼핑 서비스도 점점 더 늘어났다. 하지만 정말 사람들이 집 밖에 나오기 싫어하는 것일까?

온라인 서비스가 아무리 잘 되어 있어도 사람들은 여전히 어디론가 여행을 가고, 마트에 가서 쇼핑을 즐기고, 괜찮은 음식점에서 이야기를 나누며 맛있는 음식을 먹고 싶어 한다. 온라인 쇼핑몰이 처음 등

장했을 때, 그것이 곧 오프라인을 넘어서리라는 전망이 많았다. 하지만 여전히 오프라인 상거래 규모가 더 크다. 왜일까?

아직까지는 영화에서처럼 온라인 가상공간에 살 수 없다. 우리가 존재하는 곳은 오프라인이다. 예를 들어보자. 아이의 새 옷을 새로 장만해야 할 때는 치수를 재서 온라인으로 구매할 수도 있다. 하지만 매장으로 가서 옷을 직접 만져보고 아이에게 어울리는지 입혀보는 것도 좋다. 또한 매장 직원과 이야기를 나누며 옷이 잘 어울리는지 물어보다가 그곳에서 결제한다. 옷 사진을 보고 아이에게 어울릴지 상상만 하는 것이 아니라 오프라인을 통해 직접 경험하는 것이다. 그리고 매장 직원과의 교류를 통해 즐거움도 찾을 수 있다. 이런 부분은 절대 온라인에서 대신할 수 없다.

온라인과 멀어져야 한다는 것은 아니다. 사람들은 한동안 온라인과 오프라인을 넘나드는 행위를 멈추지 않을 것이다. 코로나19는 온라인과 오프라인의 융화를 가속화시켰다. 'O2O^Online to Offline'라는 용어를 한번쯤 들어보았을 것이다. 이는 쉽게 말해 온라인과 오프라인의 경계가 허물어져 서로 접목된 것을 말한다. O2O 서비스는 이미 우리 생활 전반에 퍼져 있다. '요기요', '배달의 민족'과 같은 배달 서비스가 대표적이다. 그 밖에도 '카카오택시', '네이버 예약' 등 온라인으로 결제하고 오프라인에서 서비스를 이용하는 것도 O2O 서비스이다.

요즘은 예전처럼 전단이나 판촉물을 나눠 준다고 해서 고객들이 매장에 찾아오지 않는다. 그보다는 먼저 매장을 이용한 누군가가 자신의 경험을 온라인에 올려 다른 사람들이 간접 경험할 수 있도록 공유하는 것이 더 효과적이다. 바로 블로그와 인스타그램에서 이러한 활동이 많이 이루어진다. 최근에는 유튜브를 통해 영상을 공유하는 일도 많아졌다. 이런 일들이 이제는 너무나 자연스럽게 일어난다.

요즘에는 온라인으로 고객을 모아 오프라인으로 끌어들이는 것이 당연해졌다. 카카오 채널을 통해서 고객들에게 감사 이벤트도 하고 가끔 소식을 전해서 고객들이 잊지 않고 방문하도록 유도해야 한다. 그뿐만이 아니다. 코로나19로 인해 고객 발길이 끊긴 소상공인들을 위해 정부에서 여러 가지 정책들을 만들었고, 대형업체들도 소상공인과 상생할 방안을 마련하고 있으니 소기업, 소상공인이 성장할 활로가 점점 더 늘어나고 있다.

소상공인 마케팅에 대해서 전반적으로 알고 싶어요

이처럼 이제는 온라인 마케팅에 집중해야 살아남을 수 있는 시대가 되었다. 하지만 여전히 온라인에 익숙하지 않은 이들이 많다. 그리고 이제 막 창업해 무엇부터 해야 할지 막막한 이들도 많을 것이다.

정부, 협회, 구청이나 유튜브 등 무료로 수강할 수 있는 온라인 마케팅 교육처도 많다. 이런 교육의 내용이나 질이 나쁜 것은 아니다. 다만 소상공인들이 할 수 있는 온라인 마케팅에 대해서 A부터 Z까지 정리하여 알려주는 곳은 거의 없다. 직접 발 벗고 나서 배우는 수밖에 없다.

언택트 시대에 걸맞게 최근 가장 인기 좋은 분야는 '라이브커머스' 교육이다. 그런데 이러한 교육에서는 라이브커머스의 절차나 방법에 대해서는 알려주지만, 라이브커머스로 성공하기 위해서 동반해야 할 온라인 광고나 홍보 방법에 대해서는 잘 알려주지 않는다. 때문에 라이브커머스를 경험한 후 부족했던 홍보에 대해서 또다시 알아보게 될 것이다. 어쩌면 라이브커머스에 실망해 다시는 진행하지 않을지도 모른다.

만약 마케팅에 돈을 들이지 않을 수 있다면 더할 나위 없이 좋겠지만 기업들도 돈을 벌어야 서비스를 제공할 수 있다. 예를 들어 우리는 카카오 채널을 통해서 고객을 모으고 그들과 소통할 수 있다. 그런데 카카오 채널에 모인 고객들에게 메시지를 전달하려면 비용을 필요로 한다.

그래서 온라인 마케팅 초보 소상공인들을 위해 이 책을 출간하게 되었다. 무엇을 해야 하는지 그리고 나에게 맞는 온라인 마케팅 방법이나 광고는 무엇인지 상세한 방법을 적기보다는 온라인 마케팅의 전반을 최대한 많이 알려드리고자 했다. 이 책을 통해 스스로 마케팅을 방안을 강구하고 설계하고자 하는 소상공인분들에게 조금이나마 보탬이 되었으면 한다.

　서점에 유통되는 마케팅 분야 책 중 대부분은 대학교 강의실과 연구실에서 교육 또는 연구된 내용이다. 그렇다 보니 현장에서 고객들과 만나고 그들의 반응을 경험해 본 이가 쓴 책은 많지 않다. 이 책은 저자가 마케팅 현장에서 직접 체득한 마케팅 원리를 설명하고 있기에 현실적이다. 또한 온라인 마케팅의 새 방향을 제시하고 최신 온라인 마케팅 현장의 생생한 모습을 담고 있다.

-동국대학교 미래융합교육원 김동완 교수

　갑작스럽게 찾아온 코로나19와 방역지침으로 지난 2년 동안 제일 고통받고 희생한 것은 자영업자, 바로 우리 소상공인들이다. 그리고 이러한 시기, 코로나19로 가장 빠르게 발전한 분야가 바로 온·오프라인의 벽을 허물고 그 둘을 연결시키는 O2O 서비스가 아닐까 싶다.

　이제는 어린아이부터 노인까지 거의 모든 이가 스마트폰을 가지고 있고, 이러한 스마트폰으로 못 하는 것이 없는 시대이다. 검색 한 번으로 먹고 싶은 음식, 가고 싶은 카페, 머리 잘하는 미용실 등을 알 수 있는 세상이 됐다. 이러한 정보의 홍수 속에서 살아남으려면 사람들에게 내 사업을 각인시키고 홍보하는 마케팅이 가장 중요하다는 것은 누구나 알지만 어떻게 시작해야 할지 막막할 것이다.

《소상공인을 위한 온라인 광고 플랫폼》이 다시 시작하는 소상공인들에게 한 줄기의 빛과 희망이 되길, 또한 새롭게 창업의 꿈을 꾸는 소상공인들에게 온라인 마케팅 지침서가 되어 주기를 바란다.

-사)대한미용사회중앙회 교육원장 **김석중**

시대의 변화를 앞서가는 마케팅 시장을 보고 있으면 종종 기적이다 싶은 일이 일어나기도 한다. 이 책은 소기업, 소상공인들이 치열한 경쟁사회에서 생존을 넘어 기적을 이루도록 돕고 희망의 창세기를 함께할 것이다.

-영화감독 **장철수**

방송일을 하다 보면 좋은 아이디어인데도 불구하고 창작자가 제대로 전달하지 못해 사장되는 경우를 더러 보게 된다. 이 책은 판매자가 어떻게 하면 상품의 특장점을 구매자에게 효과적으로 전달할 수 있을 것인가에 대한 소상공인의 고민을 해결해 줄 책이다.

-방송작가 **이찬**

《소상공인을 위한 온라인 광고 플랫폼》은 코로나19 장기화로 고충을 겪고 있는 소상공인분들이 다시 일어설 힘이 되어 줄 책이다. 시장 경제의 원칙인 자유 경쟁의 표본인 소상공인이 잘돼야 우리나라 경제도 되살릴 수 있다. 이 책을 통해 많은 분들이 용기와 방안을 얻어 위기를 딛고 일어서게 되길 바란다.

-영화배우 **지안**

디지털화가 모든 산업의 필수가 되어버린 이제는 소상공인에게도 기본적인 마케팅은 필수적이다. 《소상공인을 위한 온라인 광고 플랫폼》은 초보자도 쉽게 배울 수 있는 마케팅 필수 입문 서적으로 여러분을 성공의 길로 이끌어 줄 것이다.

-주)에스바디워크필라테스 대표 **곽성익**

여기저기서 온·오프라인을 병행해야 살아남을 수 있다고, 하지 않으면 뒤처진다고 이야기한다. 하지만 전쟁터 같은 하루하루를 이겨내고 있는 소상공인들은 어디서부터 어떻게 시작해야 얼마나 효율적인지 잘 알지 못한다. 《소상공인을 위한 온라인 광고 플랫폼》은 저자의 체험을 바탕으로 어려운 마케팅 이론을 이해하기 쉽게 풀어 설명하고 있어 온라인 마케팅이라는 추상적인 개념의 방향을 잡아줌은 물론, 효율적인 프로세스를 안내한다. 이 책이 어려운 시기 소상공인들에게 이정표가 되어 많은 도움이 되길 바란다.

-시아북카페 대표 **지성현**, 러쉬트램펄린파크 대표 **선시은**

차 례

1장

광고의
첫걸음은
트렌드
파악

이제는 소상공인도 온라인 트렌드를
제대로 이해해야 하는 시대

　요즘 사람들은 외출할 때 지갑은 깜빡 잊더라도 스마트폰은 꼭 쥐고 나간다. 데이트 장소를 찾을 때, 모임 장소를 찾을 때 손에 들고 있는 스마트폰으로 주변 카페나 맛집 검색하는 것은 이제 어색한 모습이 아니다.

　이사하면 그 동네에서 아이들이 다닐 새로운 학원 정보를 찾아야 한다. 이때 정보가 부족하면 쉽사리 어떤 학원이 좋은지 결정할 수 없다. 부모는 정보를 얻기 위해서 동네 맘 카페에 가입해 회원들과 친목을 다지며 학원 정보를 얻는다. 이뿐만이 아니다. 누군가 인스타그램을 통해서 전망이 좋은 카페 사진을 올리면 팔로워들은 나중에 꼭 가봐야지 하는 마음에 장소가 어디인지 물어보거나 해시태그를 통해 정보를 얻는다.

　이처럼 이제 사람들은 온라인에서 정보를 얻는 것에 익숙하다. 모르는 것이나 궁금한 것이 생기면 지인에게 물어 정보를 얻기보다는 스마트폰으로 궁금한 것을 검색해 보는 것이 요즘의 현실이다.

 박대리님! 회사 주변에 괜찮은 헬스장 있어요?

잘 모르겠는데……. 인터넷에 검색해 보세요.

정보를 얻는 것뿐만 아니다. 이제 미용실을 갈 때도 예전처럼 그냥 방문하지 않는다. 온라인으로 예약하고 파마를 할지 커트를 할지 결정한 후 시간까지 정해서 방문한다. 필라테스 학원에 등록하기 전에도 학원에 직접 방문하기보다는 온라인으로 다른 사람들의 리뷰나 시설 사진, 수업 동영상 등을 확인하고 카카오톡으로 상담한 후 결정한다.

이처럼 이제는 오프라인 매장을 운영하더라도 온라인 마케팅을 겸하지 않고는 고객과의 소통도 방문도 기대하기 힘들어진다. 고객을 한 명이라도 더 끌어들이기 위해서는 온라인 서비스 활용에 익숙해질 필요가 있다.

☺ 최신 온라인 트렌드와 온라인 빅데이터까지

'난 카카오톡도 하고 인터넷으로 최신 뉴스도 봐. 그리고 이메일도 보낼 줄 알지. 이 정도면 온라인과 꽤 친한 것 아닌가?'

사실 이 정도는 누구나 한다. 이보다는 내 사업과 연관된 온라인 플랫폼을 사용할 줄 아는 것, 고객들이 많이 이용하는 온라인 플랫폼의 트렌드, 더 나아가서는 예비 고객들의 트렌드와 빅데이터에 대해서 잘 아는 것이 더 중요하다. 고객들이 소중히 여기는 것은 무엇인지, 어떤 쇼핑을 선호하는지, 소비자들이 선호하는 감성은 무엇인지 등에 대해 제대로 알고 이해하는 것이 중요하다.

만약 10대를 대상으로 사업을 한다면 10대들이 자주 사용하는 언어에 익숙해질 필요가 있다. '점메추', '저메추', '갓생', '주불', '퍼컬' 무슨 말일까? 이는 10대들과 MZ세대들이 익숙하게 쓰는 단어로 각각 '점심 메뉴 추천', '저녁 메뉴 추천', 'God과 인생의 합성어', '주소 불러', '퍼스널 컬러'라는 뜻이다. SNS를 통해 이벤트 공지나 콘텐츠를 올릴 때 공지 내용을 평범하게 쓰는 것보다는 10대들이 자주 사용하는 용어를 적절히 사용해 콘텐츠를 올리면 호응을 조금 더 끌어낼 수 있지 않을까? 몇 해 전 알게 된 단체복 회사 사장님은 봄철이면 사업 준비로 바쁜 와중에도 최신 유행어나 10대들이 선호하는 패션 등 다양한 트렌드 데이터를 수집하느라 정신이 없다. 요즘은 초등학생들도 반티를 맞출 정도라고 하니 이런 노력이 더욱 필요해졌다.

만약 여러분에게 짝사랑하는 사람이 생겼다. 영화 『왓 위민 원트 What Women Want』의 멜 깁슨처럼 상대방의 마음을 읽는 능력이 있으면 좋겠지만, 현실적으로 우리에게는 그런 능력이 없고 사람의 마음을 읽는 것은 정말 어려운 일이다. 짝사랑하는 사람의 마음에 들기 위해서는 데이트를 하면서 또는 그 사람의 주변인을 통해서 이상형, 좋아하는 음식, 싫어하는 행동 등에 대해서 정보를 하나둘씩 모아 그 사람의 마음에 쏙 들 수 있도록 공략해야 한다. 고객의 경우에도 마찬가지다. 예비 고객, 즉 타깃 고객에 대한 정확한 정보를 갖춰야 그들을 공략해 나갈 수 있다.

요즘은 최신 트렌드를 소개하는 책들이 많아졌다. 시간이 부족해서 책을 통해 정보를 얻기 힘들다면 검색을 통해 기사만이라도 찾아보면 대한민국의 트렌드에 대해 쉽게 정보를 얻을 수 있다. 트렌드에 대해서 '이제 대충 알겠다', '이 정도면 충분하지 않을까?', '필요할 때 알아보면 되지 굳이 매번 챙겨 볼 필요가 있을까?' 이런 생각을 가지면 안 된다. 내 사업을 어떤 방향으로 이끌 것인가 전략을 세우기 위해서, 정확한 방향을 잡기 위해서라도 트렌드에 항상 촉을 세우고 대세의 흐름의 읽을 줄 알아야 한다.

☺ 세대별 온라인 트렌드

주요 고객을 어떻게 나눌 것인가? 고객 분류는 타깃 마케팅을 위해서 선행되어야 하는 과정이다. 가장 쉬운 방법은 나이와 성별로 나누어 주요 고객들의 관심사나 주요 이용 채널을 공략하는 것이다. 전 연령대를 설명할 수 없기에 20대와 40대 남녀를 비교하여 간략히 소개해 보도록 하겠다.

20대와 40대 모두 동영상 채널(유튜브, 네이버TV, 카카오TV, 인스타그램 릴스 등)을 가장 많이 사용한다. 때문에 어떻게 동영상 채널을 이용하는 이들에게 나의 사업을 알릴 것인가 고민해 볼 필요가 있다.

도표1을 보자. SNS를 이용한다고 답한 20대 여성이 45퍼센트나 되는 반면, 20대 남성은 28퍼센트에 그쳤다. 따라서 20대 여성을 공략하려면 SNS를 주요 채널로 이용해야 한다는 사실을 알 수 있다. 40대

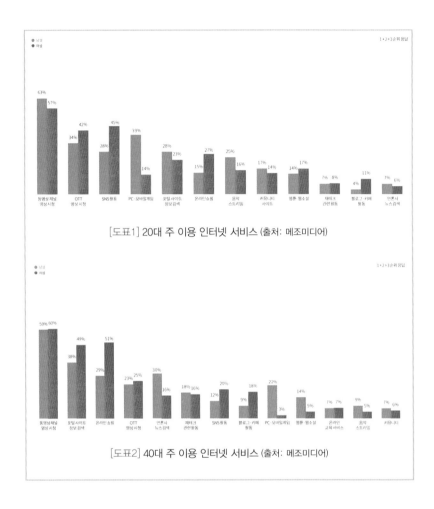

[도표1] 20대 주 이용 인터넷 서비스 (출처: 메조미디어)

[도표2] 40대 주 이용 인터넷 서비스 (출처: 메조미디어)

는 20대에 비해 포털 이용자 수가 많다(도표2 참조). 그중 눈에 띄는 특징은 40대 여성들의 쇼핑 이용량이 포털 검색보다 더 많다는 것이다. 포털 사이트를 통해서 쇼핑 정보를 얻을 수도 있으니 40대 여성의 온라인 쇼핑이 매우 활발하다는 사실을 확인할 수 있다.

이번에는 인터넷 서비스 중에서도 동영상 채널 부분을 살펴보자(도

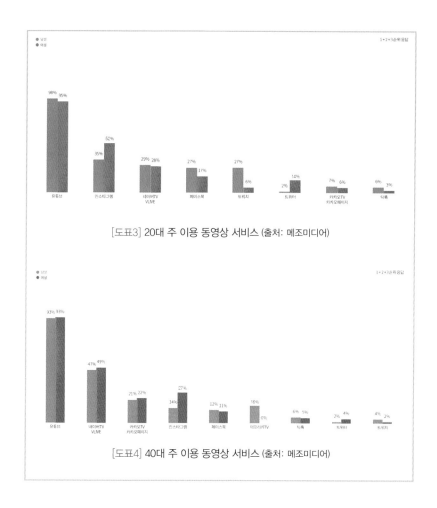

[도표3] 20대 주 이용 동영상 서비스 (출처: 메조미디어)

[도표4] 40대 주 이용 동영상 서비스 (출처: 메조미디어)

표3, 도표4 참조). 20대, 40대 모두 동영상 채널 이용자가 가장 많았는데 그중에서도 유튜브 이용자가 가장 많다. 차이점은 20대는 네이버 TV 나 카카오TV에 비해서 인스타그램을 통해 동영상을 많이 본다는 점 이다. 최근 인스타그램이 '릴스'라는 숏폼 영상 플랫폼을 선보이면서 이용자 수가 크게 증가했다고 한다. 반면 숏폼 강자였던 틱톡의 이용 율은 양쪽 모두 매우 낮다. 그러니 틱톡을 홍보 채널로 생각하고 있

던 분이 있다면 그보다는 인스타그램 릴스에 더 집중하는 것이 더 나은 선택이 아닐까. 최근에는 유튜브에서도 숏폼 영상 플랫폼을 선보이고 있다. 그만큼 숏폼 영상이 대세라는 점을 알아두자.

동영상 채널에 대해서 알아보았으니 이제 SNS 채널에 대해 알아보자. 마찬가지로 이용자가 가장 많은 채널은 인스타그램, 페이스북이

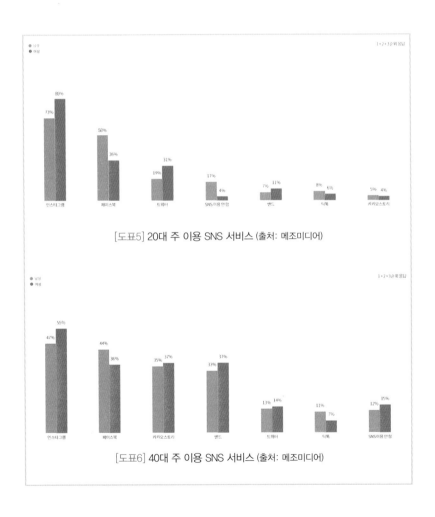

[도표5] 20대 주 이용 SNS 서비스 (출처: 메조미디어)

[도표6] 40대 주 이용 SNS 서비스 (출처: 메조미디어)

다. 그런데 20대의 경우 인스타그램이 압도적이라고 할 만큼 이용자 수가 많은 데에 비해 40대는 인스타그램, 페이스북, 카카오스토리, 밴드 등 여러 채널로 사용자가 분산되어 있는 것을 확인할 수 있다. 그렇다고 카카오스토리, 밴드 채널을 만들지는 말자. 이 채널들은 인스타그램이나 페이스북에 비해서 다소 폐쇄적이기 때문에 마케팅에 활용하기에는 어렵다. 게다가 기존 이용자가 아니라면 끼어들기도 힘들

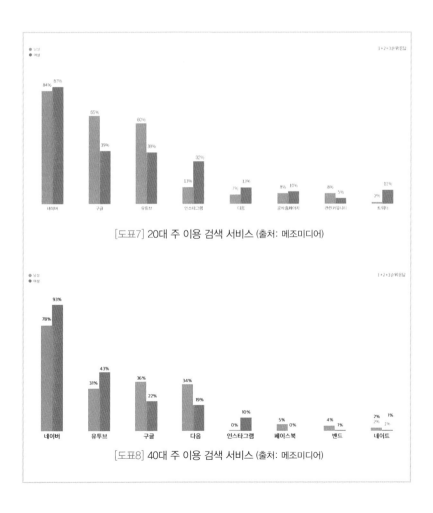

[도표7] 20대 주 이용 검색 서비스 (출처: 메조미디어)

[도표8] 40대 주 이용 검색 서비스 (출처: 메조미디어)

다. 카카오스토리와 밴드는 직접 활동하기보다는 온라인 광고로 공략해 보는 것을 추천한다.

　마지막으로 검색 채널을 살펴보자. 먼저 도표8의 40대 그래프를 보면 네이버가 압도적으로 높다는 것을 알 수 있다. 40대는 포털사이트에 익숙한 세대이다. 때문에 네이버를 이용한 검색 의존도가 높을 수밖에 없다. 네이버 다음으로 선호하는 사이트는 여성의 경우 유튜브, 남성의 경우 구글과 다음이다. 특히 40대 여성의 경우 유튜브를 통한 검색율이 높은데 이는 주로 엔터테인먼트 관련 검색이다. 예전에는 방송 콘텐츠를 네이버에서 검색하여 기사로 접했다면 이제는 유튜브를 통해 영상 클립으로 접하는 비율이 높아진 것이다. 그 밖에도 여성은 쇼핑 정보를 얻을 때는 여전히 네이버를 선호하며, 그 다음으로 유튜브를 이용한다는 사실을 알아두자.

　도표7의 20대 그래프를 보자. 20대도 검색 시에 네이버를 사용한다. 하지만 네이버 외에도 구글, 유튜브, 인스타그램 다양한 검색 채널을 활용한다.

　지금까지 그래프를 통해 세대별, 성별에 따라 각각 선호하는 채널이나 채널 이용 목적이 매우 다르다는 것을 알아보았다. 이는 검색만으로도 충분히 찾을 수 있는 자료들이다. 그러니 타깃에 대한 세대별 트렌드 데이터를 모아서 활용하는 것이 매우 중요하다.

😀 소셜 트렌드와 검색어 트렌드

내 사업과 관련된 키워드 조회 수는 얼마이고, 월별로 어떻게 변하고, 누가 많이 검색하는지에 대해서 당연히 관심을 가져야 한다. 그뿐만 아니라 SNS를 통해서 유저들이 해당 검색어와 함께 언급하는 키워드와 해시태그에 대해서 아는 것도 중요하다. 이는 고객에게 내 브랜드를 더 많이 노출하기 위해서, 그리고 이벤트나 홍보에 더 적절한 시기를 잡는 데에 중요하다. 그래서 소셜 트렌드와 검색어 트렌드를 살펴볼 수 있는 사이트를 소개하고자 한다.

① 네이버 데이터랩(datalab.naver.com)

'네이버 데이터랩'에서 제공하는 검색어 트렌드를 통해 '종로맛집', '종로3가맛집', '익선동맛집' 3가지 키워드에 대해서 살펴보았다. 2018년 1월 데이터부터 살펴보면 2018년 초까지만 해도 다른 2개의

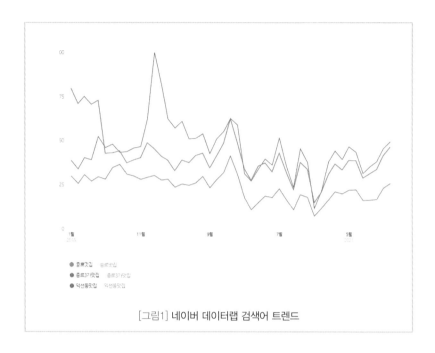

[그림1] 네이버 데이터랩 검색어 트렌드

키워드에 비해 '종로맛집' 검색량이 많았지만, 2018년 겨울부터 익선동이 유명해지면서 '종로맛집' 키워드보다 더 많이 조회된 것을 볼 수 있다. 2020년에는 코로나19로 인해 조회 수가 소폭 감소하는 듯했으나 2021년부터 점점 회복되는 것도 확인할 수 있다.

네이버는 그 어떤 포털사이트보다도 검색량이 많다. 게다가 조회 수가 낮은 키워드라도 데이터 지표를 찾아볼 수 있다. 그리고 데이터랩은 성별, 연령별로 자료를 구분해서 확인할 수 있다는 장점이 있다.

> **참고**
>
> 유튜브에서 많은 검색이 이루어지다 보니 방송이나 신문 등에서 구글 트렌드의 자료를 인용해 관련 검색어나 월별 조회 수를 보여 줄 때가 많다. 하지만 구글 트렌드에는 지역별 검색어 트렌드에 대해서는 잘 나오지 않으니 굳이 찾아볼 필요는 없다고 생각한다.

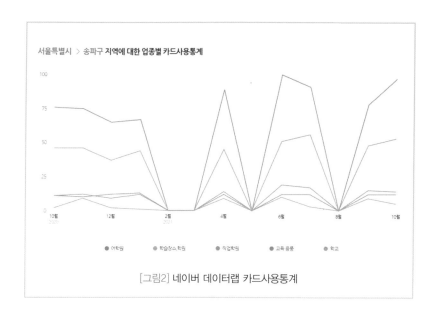

[그림2] 네이버 데이터랩 카드사용통계

네이버 데이터랩에서 눈여겨 볼만한 것은 바로 카드사용통계이다. 해당 자료는 비씨카드에서 제공하는 데이터 통계를 기반으로 한다. 예시로 서울시 송파구 교육 업종의 월별 카드사용통계를 살펴보았다. 그림2를 살펴보면 모든 교육 관련 카드 사용 내역이 2020년에 비해 2021년에 크게 추가된 것을 확인할 수 있다. 코로나19 장기화로 인해 등교를 못 하니 사교육으로 눈을 돌리는 현실을 이러한 통계를 통해 확인할 수 있다. 이처럼 데이터를 통해서 월별 트렌드를 살펴볼 수 있으니 같은 지역 내 유사 업종의 트렌드를 확인해 우리 매장과 비슷한 월별 트렌드를 보이는지 살펴보는 것이 중요하다.

② 썸트렌드(https://some.co.kr/)

블로그, 인스타그램, 트위터, 페이스북 등 다양한 소셜 네트워크 서비스^{Social Network Service, 이하 SNS로 표기}가 존재한다. 사람들은 SNS를 통해 소통하고, 자신의 일상을 공개하고, 콘텐츠를 소비한다. 이제는 SNS에서 인플루언서나 주변 사람들이 어떤 제품을 사용하는지, 어디가 핫플레이스인지 등을 검색해 알아보기도 한다. SNS가 세상의 유행을 주도한다고 해도 과언이 아니다.

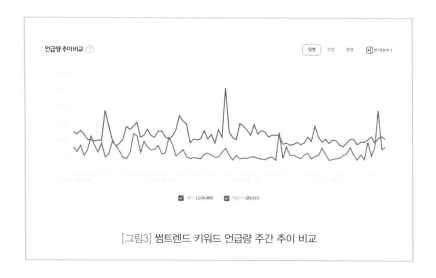

[그림3] 썸트렌드 키워드 언급량 주간 추이 비교

그런 가운데 '썸트렌드'는 SNS를 이해하고 분석하는 데 많은 도움을 준다. 회원가입만으로도 이용할 수 있는 서비스가 많다. 썸트렌드를 통해서 월별로 키워드에 대한 언급량을 비교할 수 있을 뿐만 아니라 인스타그램, 블로그 추이를 최대 3개월간의 추이를 확인해 볼 수도 있다(무료 버전은 3개월 추이까지만 확인 가능하다). 내가 썸트렌드에서 가장 많이 이용하는 부분은 바로 연관어 검색이다.

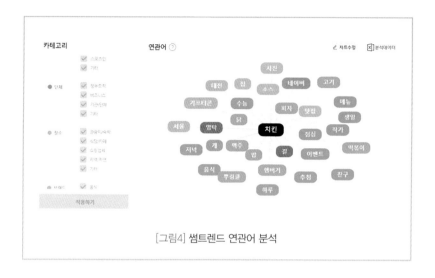

[그림4] 썸트렌드 연관어 분석

'치킨'과 함께 언급하는 단어에는 '피자', '소스', '햄버거', '맥주', '이벤트' 등이 있는 것으로 확인된다. 이것을 내 나름대로 해석해 보았다. 우선 치킨은 '치맥_{치킨과 맥주를 아울러 이르는 말}' 조합이 기본이니 넘어가자. 요즘은 프라이드냐 양념이냐보다는 어떤 '소스'와 함께 먹을 것인가를 중요하게 여긴다는 것을 알 수 있다. 다음으로 치킨과 함께 갈등하는 메뉴는 '피자', '햄버거'라고 보여진다. 즉, 내가 치킨집을 운영하고 있다면 주변 치킨집뿐만 아니라 피자나 햄버거 가게도 나의 경쟁 상대로 보아야 한다는 것이다. 그리고 '이벤트'를 많이 검색하는 것은 요즘 치킨 가격이 많이 올랐다 보니 조금이라도 저렴한 곳을 찾아 구매하려는 경향 때문인것으로 보인다. 이 정보만으로도 많은 것을 얻어낼 수 있었다. 이렇게 나름의 해석을 해 본 뒤에는 이것이 맞는지 정확히 확인해 보아야 한다.

[그림5] 썸트렌드 치킨 긍·부정어 분석

다음으로 긍·부정 분석 메뉴가 있다. 이를 통해서 소비자들이 긍정적으로 여기는 부분과 불만을 가지고 있는 부분을 찾아볼 수 있다. 치킨에 대한 분석 결과를 보니 '늦다'라는 부정어가 눈에 띈다. 치킨은 대부분 배달 시켜 먹는데 당연히 고객들은 조금이라도 빨리 배달받기를 원하고 늦으면 화를 낸다. 또한 '바삭하다'가 보인다. 고객들이 치킨에서 가장 기대하는 부분은 물론 맛이지만 그중에서도 '바삭함'을 원하는 이들이 많음을 알 수 있다.

③ 해시태그 분석, 미디언스(https://tag.mediance.co.kr/)

미디언스에서 제공하는 '해시태그LAB'을 통해 해시태그를 분석해 볼 수 있다. 키워드를 입력하면 해당 키워드에 대한 해시태그가 분석된다. '영어학원'이라는 키워드를 분석해 보니 포스팅 유형이나 포스팅에 대한 반응이 높은지도 확인해 볼 수 있다. 그리고 주키워드와 함께 사용해 볼 만한 해시태그도 추천해 주니 해시태그 선택에 대한 고민도 줄어든다. '영어학원'의 경우 '영어공부방'이나 '영어교습소', '영어과외' 등과 같은 해시태그를 함께 사용해 보는 것이 좋다는 것을 알 수 있다.

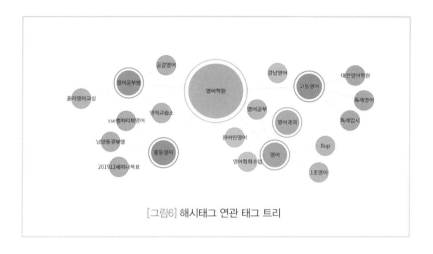

[그림6] 해시태그 연관 태그 트리

지금까지 다양한 온라인 트렌드에 대해 알아보았다. '적을 알고 나를 알면 백전백승'이라는 말은 누구나 알 것이다. 그런데 이 말을 실천하는 사람은 얼마나 될까? 특히나 소비자와 바로 맞닿아 있는 소상공인이라면 타깃, 즉 고객에 대해서 충분히 공부해야 한다. 별것 아닌 것 같지만 이런 소소한 준비 하나하나가 사업 성공의 열쇠가 될 수도 있다.

앞서 배운 트렌드 뿐만 아니라 다양한 소비 트렌드에 대해서도 공부해야 한다. 앞으로는 '나노 사회'가 된다고 한다. 즉 공동체에서 개인으로 흩어지고, 개인은 더 미세한 단위로 쪼개진다는 의미이다. 기업들은 개개인 맞춤 서비스를 제공할 수 있도록 더욱더 철저히 준비해야 할 것이다. 또 전문가들은 이번 코로나19를 겪으면서 고객들이 더욱 개인의 건강에 큰 관심을 가지게 될 것이라고 예상한다. 먹는 것부터 운동, 심지어는 생활에서도 자기관리를 철저히 하는 사람들이 더 늘어날 것이다. 뿐만 아니라 도시 생활보다는 시골이나 한적한 곳에서 혼자만의 시간을 가지며 정신적, 육체적으로 보다 건강한 생활을 즐기는 라이프 스타일을 선호하게 될 것이라는 전망이 있다. 이미 '차박_{자동차에서 잠을 자고 머무르는 것}'이나 캠핑족이 점점 늘어나는 것이 그 신호라고 봐도 된다.

이처럼 소비 트렌드는 시시각각 변화한다. 트렌드를 잘 읽고 대비해야지만 살아남을 수 있다. 마케팅의 첫 단계인 트렌드 공부, 이제부터라도 시작해 보자.

2장

마케팅 전략을 세우자

이제는 당신도
온라인 마케팅 전문가

☺ '이 정도 준비하면 충분하겠지'라는 생각은 금물

'경기가 너무 안 좋아서', '주위에 비슷한 업종이 많아서'. 매출이 떨어질 때마다 누구나 핑계를 찾게 된다. 하지만 정말 그것이 원인일까? 냉정히 생각하고 주위를 둘러보자. 코로나19 확진자 수가 크게 증가하며 사적 모임을 금지하고 외출 자제를 당부하던 시기에도 손님들이 몰리는 곳은 분명히 있었다.

코로나19로 어떤 곳은 폐업할 지경까지 이르는 반면 어떤 곳은 취급하는 상품에 큰 차이가 없는데도 끊임없이 사람들이 찾아온다. 다년간 온라인 마케팅 대행사에 근무하며 대기업부터 소상공인까지 많은 이들의 광고 컨설팅을 해왔다. 그런데 확실히 소상공인들의 마케팅 지식이 많이 부족하다는 것을 실감했다. 물론 나름대로 매출 증대와 좋은 이미지 구축을 위해 많은 노력을 기울였을 것이다. 하지만 제대로 된 전략을 갖추지 못해 실패의 쓴맛을 본 분들은 더 많을 것이다.

전단만 보아도 그렇다. 전단에 '새로 오픈했어요'라는 카피 문구와 함께 매장 사진, 매장 위치, 할인 쿠폰을 싣는다. 그런데 사실 오픈 소식과 할인 쿠폰만 보고 찾아오는 손님들은 얼마 되지 않는다는 것을 여러분도 알 것이다. 그보다는 차라리 고객에게 어필할 수 있는 특색 있는 카피로 신선한 기억을 남기는 것이 더 좋은 방법이다. 전단지를 받자마자 찾아오지는 않을지라도 일단 기억에 남는다면 언젠가는 분명 찾아올 것이다.

다음 문제는 소상공인 마케팅에는 꾸준함이 없다는 것이다. 다들 오픈 직후에는 이래저래 마케팅을 시도해 본다. 하지만 전략이 없다 보니 시간이 갈수록 열정을 잃고 마케팅에 점점 소홀해진다. 이래서는 마케팅에 소비한 시간과 노력, 비용을 그냥 버리는 것과 같다. 이처럼 전략 없이 마케팅에 뛰어들면 오래 지속하지 못하고 즉각적인 효과를 볼 수 있는 이벤트 진행에 그치는 경우가 많다.

올바른 마케팅 지식을 가지고 꾸준히 시도해야지만 기억에 남을 수 있고 그것이 곧 매출로 이어진다. 마케팅을 시작하자마자 대박날 수는 없다. 전략적으로 꾸준한 마케팅을 펼치면 그것이 당장 눈앞에는 보이지 않더라도 부메랑이 되어 고객을 데려오고 매출이 된다. 내가 마케팅한 곳들도 마찬가지다. 당장에는 효과가 미미해 그만 둘까 생각하던 차에 서서히 반응을 보이더니 1년쯤 되자 그 효과가 배로

나타나기 시작했다. 그러니 방향을 조금 바꾸거나 전략을 조정하는 일이 있더라도 절대 중단하지 말고 꾸준히 이어나가자.

모든 사람을 고객으로 만들 수는 없다, 타깃팅의 중요성

😊 누구를 대상으로 마케팅할 것인가?

개업 전 시장 조사를 통해서 매장 주변의 유동 인구나 고객 유형을 조사했을 것이다. 마찬가지로 매장 운영 경험이 있는 분들도 주로 어떤 고객들이 매장을 방문하는지 잘 알고 있을 것이다. 이런 정보를 바탕으로 주요 타깃을 선정하고 고객 세분화를 해 보아야 한다. 타깃 고객층은 일반 고객들 가운데서도 특성화된 고객 집단을 의미한다. 시장 조사 후에는 고객 세분화를 해야 하는데 이는 마케팅할 대상을 잘게 쪼개는 것을 말한다. 세분화는 단순히 성별, 나이를 기준으로 하는 것이 아니다. 고객의 구매 동기, 가치관, 행동 패턴 등을 그룹화하여 내가 공략할 대상이 누구인지 정확히 구분하는 작업이다.

가령 저녁 식사를 위해 음식점을 찾을 때 어떤 점을 고려하는가? 음식의 맛, 서비스의 질, 분위기, 가격대, 일행, 위치 등을 고려해 음식점을 고른다. 군이 의식하지 않더라도 자연스럽게 이런 부분을 계산해 가장 적합한 곳을 선택하게 된다. 미리 고객층을 파악하고 그들의 니즈에 맞추어 환경을 세팅해 둔다면 얼마나 편리하겠는가?

차별화된 상품이나 서비스를 요구하는 고객은 어디에나 존재하기 마련이다. 그렇다고 우리가 모든 고객의 요구사항에 맞추어 일일이 맞춤형 제품이나 서비스를 제공할 수는 없다. 하지만 고객층을 세분화해서 이들의 특징을 미리 파악해 둔다면 비용은 낮추고 이익은 높이는 훌륭한 전략이 된다. 타깃 세분화를 통해 맞춤형 서비스를 제공하면 그것은 곧 고객 만족으로 이어진다. 또 훌륭한 서비스는 고객들의 SNS를 타고 입소문이 되어 이득을 가져다준다.

모든 사람을 대상으로 서비스나 제품을 팔면 오히려 이 고객도 저 고객도 모두 놓치게 된다. 고객의 기대에 못 미치는 경우가 분명히 생길 수밖에 없기 때문이다. 그보다는 타깃을 정해서 집중하는 것을 추천한다.

'젝시믹스', '안다르' 이 브랜드들은 레깅스 의류 전문 회사이다. 몇 년 전만 해도 레깅스는 요가나 필라테스를 할 때 여성들이 입는 운동복에 불과했다. 하지만 지금은 어떤가? 레깅스는 이제 일상복이 되었다. 레깅스 업체들은 일상복까지 영역을 넓히고 있다. 젝시믹스나 안다르는 타 운동복 회사와 달리 타깃을 '레깅스를 입는 여성'으로 좁혀 마케팅을 진행했기에 성공할 수 있었다고 보인다. 이런 타깃팅 성공 사례는 대기업뿐만 아니라 주변의 성공한 매장에서도 쉽게 찾아볼 수 있을 것이다. 타깃을 좁혀 마케팅한다면 전문성이 눈에 띄게 성장한다. 그러다 보면 '○○ 전문'이라는 수식어가 자연스럽게 붙으며 더욱 굳건히 자리 잡는 계기가 될 수도 있다.

이제 주요 타깃을 선정할 때 어떤 것을 고려할지 생각해 보자.

고객 세분화 시 고려할 부분

나이	성별	직업	종교	주소
결혼 여부	자녀 나이	자차 보유 여부	월수입	가족 구성
구매/거래성향	미디어 이용	소비 성향	행동 패턴	학력
구매 동기	라이프스타일			

😊 고객의 기억에 남는 가게 되기

이렇게 고객 세분화를 통해 타깃을 정했다면 다음으로는 우리 매장을 전략적으로 포지셔닝할 방법을 고민해 봐야 한다. '포지셔닝'이라는 용어가 좀 생소할 수 있는데 쉽게 말하자면 '고객 입장에서 우리 매장을 이렇게 인식하면 좋겠다'라고 자리매김하는 것을 말한다. 포지셔닝 전에는 주요 고객이 될 만한 손님들의 구매 패턴을 분석하고 예측해 보는 것이 좋겠다.

초등학교 부근에 카페를 창업했다고 가정해 보자. 이러한 환경에서는 초등학생 자녀를 둔 학부모가 주 고객이 된다는 것은 누구나 아는 사실이다. 그중에서도 저학년 자녀를 둔 부모를 주 타깃으로 설정했다. 많은 부모들이 아침에 아이를 학교에 데려다 주는데 그러다 보면 학부모끼리 자연스럽게 모여 자녀들의 학교 공부 등 여러 이야기를 주고 받게 된다. 수다를 떨다 보면 일찍 오픈하는 근처 카페로 자리를 옮겨 이야기를 나누게 된다. 또 오후에는 하교하는 자녀를 픽업해 학원에 데려다 주는데 보통 학원에서 1~2시간 정도를 보내니 집에 갔다가 다시 나오기보다는 근저 학부모끼리 시간을 보낸다. 그럼 자연스럽게 평소에 잘 가는 카페로 자리를 옮길 것이다. 아이들이 학원을 마치면 카페에서 아이들이 간식으로 먹을 수 있는 메뉴를 주문해 준다.

이렇게 구체적인 타깃을 두고 시나리오를 만들어 보았다면 타깃인 학부모들에게 어떤 카페로 인식되고 싶은지 포지셔닝해 본다. 부모들의 대화 공간인 동시에 아이들과 편안하게 올 수 있는 카페라는 이미지로 자리매김하는 것이 좋을 것이다. 그렇다면 그에 맞춰 타깃이 원하는 상품(아이들이 먹을 만한 간식거리, 간편식 등)과 서비스(아이들이 놀 공간 등)는 무엇인지 판단해 경쟁력 있는 환경을 갖추자.

다양한 판촉 전략 및
마케팅 기획 연구

타깃 세분화를 마친 후에는 마케팅에 어떤 메시지를 담을 것인가 고민해야 한다. 즉 판촉 전략을 준비할 시점이다. 흔히들 판촉 전략을 프로모션, 가격 할인이라고 생각하는데 판촉 전략은 이보다는 더 큰 넓은 범위에서 판매 활동을 원활하게 하기 위해 실시하는 모든 마케팅 활동을 의미한다. 판촉 전략이 효과를 보려면 브랜드 인지도와 홍보 활동이 필요하다.

• 다양한 홍보 활동

·직접 대면 방법 : 쇼룸 이벤트, 체험 이벤트 등

·판매를 이용한 방법 : 쿠폰, 사은품, 할인 행사 등

·오프라인 및 다이렉트 마케팅 : 문자메시지, 전단지, 포스터 등

·온라인 마케팅 : 웹사이트 홍보, 문자 또는 카카오톡 메시지 광고, 온라인 바이럴 마케팅 등

☺ 기존 고객을 꽁꽁 묶어 두자

판촉 전략을 계획할 때는 기존 고객을 잘 활용해야 한다. 매장에 자주 방문하거나 씀씀이가 큰 고객을 잘 이해하고 어울리기만 해도 그들을 통해 브랜드 인지도를 높일 수 있다. 기존 고객과 친해지면 그 고객뿐만 아니라 그의 배우자, 친척, 친구, 이웃까지 자연스럽게 입소문을 탄다. 이것이 전형적인 입소문 마케팅이다. 신규 고객을 모으는 것도 물론 중요하지만 기존 고객에게 많이 파는 것이 더 효과적이다. 게다가 기존 고객이 자주 방문하고 구매하는 이유를 이해하면 이를 신규 고객 마케팅에도 활용할 수 있다.

☺ 타이밍만 잘 맞춰도 효과는 배가 된다

연애에 타이밍이 중요하듯 아무리 좋은 마케팅을 준비해도 시기가 적절하지 못하면 실패한다. 이때는 장기 마케팅을 할 것인지 단기 마케팅을 할 것인지 고려해 보아야 한다.

마케팅 시기는 고객 방문 현황이나 매출 현황을 토대로 고객이 많이 방문한 시기에서 힌트를 얻어 선정할 수 있다. 또 다른 방법으로는 앞서 언급한 검색어 트렌드를 통해 검색 유입이 많은 시기에서 힌트를 얻는 방법도 있다. 또 앞으로 있을 월별 행사를 토대로 계획을 잡아보는 것도 추천한다.

그리고 마케팅 집행을 위해서는 다음과 같이 연간 계획을 잡고 실행 1개월 전부터 미리 준비하는 것이 좋다.

• 참고할 만한 월별 기념일 및 이벤트 목록

1월	새해맞이, 신정 등
2월	밸런타인데이, 졸업, 구정, 정월대보름 등
3월	입학식, 화이트데이, 봄맞이 등
4월	식목일, 만우절, 근로자의 날 등
5월	가정의 달, 어린이날, 어버이날, 스승의 날 성년의 날, 부부의 날, 근로자의 날 등
6월	현충일, 환경의 날 등
7월	여름방학, 휴가철, 초복 등
8월	여름방학, 휴가, 광복절, 말복 등
9월	가을맞이, 추석 등
10월	한글날, 임산부의 날 등
11월	빼빼로데이, 블랙프라이데이, 수능 등
12월	크리스마스, 겨울방학, 동지 등
기타	올림픽, 월드컵 등

☺ 경쟁 업체 리뷰를 통한 고객의 소리 파악

네이버 지도를 열고 내 가게가 속한 업종의 대표 키워드를 검색하면 주변에 경쟁 업체가 얼마나 많은지 확인할 수 있다. 한정된 시장 속에서 같은 업종끼리는 고객을 두고 경쟁할 수밖에 없다. 지피지기 백전백승(知彼知己 百戰百勝)이라는 말처럼 경쟁 업체를 알아야 내가 살아남을 수 있다.

경쟁 매장을 얼마나 조사해 보았는가? 만약 경쟁 매장에 대한 정보를 전혀 파악하지 못했다면 문제가 있는 것이다. 경쟁 매장을 파악하기 위해서는 먼저 대상 업체를 지정해야 한다. 그 다음에는 해당 매장을 조사 및 분석하고 객관적으로 검토해 경쟁 매장의 강점과 장점을 파악해야 한다.

요즘은 온라인으로도 경쟁 업체에 대한 고객들의 생각을 파악할 수 있다. 바로 네이버 지도나 구글 지도에서 쉽게 찾아보는 것이다. 대부분의 사업자들은 내 매장에 대한 부정적인 후기는 없는지 파악하기에만 급급하다. 하지만 내 매장의 리뷰만 볼 것이 아니라 경쟁 업체의 리뷰를 자주 들여다 보면서 고객들의 생각을 읽는 것이 중요하다. 경쟁 업체의 어떤 점을 마음에 들어 하는지, 어떤 부분에서 불만족해 평점을 낮게 주었는지 읽어보면 대다수가 비슷한 이야기를 하고 있을 것이다. 이런 내용을 정리해 통계를 내면 경쟁 업체의 강점과 장점을 파악할 수 있다. 이렇게 경쟁 업체의 강점과 장점을 알았다면 그것을 벤치마킹하고 내 사업에 적절하게 적용하여 매장의 강점을 키워 나아가는 것이 중요하다.

[그림7] 한 업체의 네이버, 구글 리뷰

😊 고객 끌어들이기 전략과 구매 유도하기 전략

　판촉을 통해 매출을 증대시키기 위한 전략을 크게 나누면 바로 '고객 끌어들이기'와 '구매 유도하기' 전략 두 가지로 함축할 수 있다.

- **고객 끌어들이기 전략:** 가능한 다양한 방법으로 소비자가 매장으로 오게끔 끌어들이는 것
- **구매 유도하기 전략:** 이미 끌어들인 고객이 가능한 더 많은 제품, 더 고가의 제품을 구매하도록 유도하는 것

　흔히 제품의 가치보다는 가격에 대한 프로모션을 진행하곤 한다.

물론 단기적으로는 할인 프로모션의 효과가 커 고객을 보다 쉽게 끌어들이고 구매로 연결할 수도 있다. 하지만 장기적으로 생각해 보자. 언제까지나 할인 행사를 할 수는 없는 노릇이다. 게다가 행사를 오래 하면 임팩트가 떨어진다. 그렇다고 단기적인 할인 프로모션을 자주 하면 고객들은 할인할 때만 찾아오게 될 것이다. 또 경쟁 업체에서 더 저렴한 가격을 제시해 고객을 끌어가 버리면 할인도 소용 없게 된다. 이처럼 가격 경쟁을 하면 서로 출혈만 심해지고 나중에는 할인 없이는 고객이 찾아오지 않는 상황까지 발생한다. 바로 '죄수의 딜레마'에 빠진 상황이다. 따라서 프로모션을 준비할 때는 할인 이외에도 다양한 기획이 필요하다는 점을 염두에 두어야 한다.

또 하나의 문제점은 많은 이들이 고객 끌어들이기 전략보다는 구매 유도하기 전략에 몰두한다는 것이다. 이는 이 책을 쓴 이유 중 하나이기도 하다.

온라인 마케팅을 활용하면 주변 고객 뿐만 아니라 먼 곳에 있는 고객도 끌어들일 수 있다. 하지만 고객이 먼 곳에서 찾아와도 매장에 발을 들이지 못하면 매출로 연결되지 않는다. 그러니 매장 전면 마케팅, 즉 고객이 쉽게 찾아볼 수 있도록 간판이나 매장 입구에 무엇을 판매하는 곳인지 알아볼 수 있게끔 하는 것도 매우 중요하다. 그렇지 않으면 실컷 고객을 끌어오고도 경쟁 업체에 내주는 '죽 쒀서 개 준 꼴'을 보게 된다.

구매 유도하기 전략에 대해 생각해 보자. 어떻게 하면 고객이 이벤트 상품 외에 다른 상품을 추가 구매하도록 유도할 수 있을까? 또는 어떻게 하면 이벤트 상품보다 더 고가의 제품을 구매하도록 유도할 수 있을까? 매장 내에 POP^point of purchase 광고를 게시하는 방법도 있고, 고객에게 제품을 추천해 판매를 불러일으키는 방법도 있다. 또 수준 높은 서비스로 고객만족도를 높이면 재방문을 유도할 수도 있고 입소문으로 가게 홍보 효과도 누릴 수 있다.

요즘 많이 쓰이는 온라인 마케팅 방법을 하나 소개한다. 바로 SNS 인증샷 이벤트이다. '○○을 구매하고 SNS에 인증샷과 해시태그를 게시해 주시면 사은품을 드립니다.' 이처럼 간단한 이벤트를 통해 제품 구매를 유도할 수 있을뿐더러 고객들의 SNS를 통해 마케팅 효과까지 누릴 수 있다. 하지만 POP를 둔다고 해서 고객들이 적극적으로 참여하는 것은 아니다. 특히 음식점에서 이런 이벤트를 하는 경우가 많은데 당신이 고객이라면 선뜻 참여하겠는가? 고객 참여 유도를 위해서는 권유가 필요하다.

"맛있게 드셨어요? 저희 매장 지금 이벤트 중인데 한 번 참여해 보시겠어요?"

주문 중에 혹은 계산 중에 이런 부탁을 받는다면 참여할 의사가 생길지도 모른다.

필요하다면 인증샷을 대신 찍어주는 것은 어떨까? 제품만 찍는 것보다는 제품과 고객이 함께 나오는 사진이 더 자연스럽고 신뢰가 가니 SNS를 통해 유입될 예비 고객들에게도 더 어필이 되지 않을까.

고객 끌어들이기 전략과 구매 유도하기 전략을 세울 때에는 균형을 잘 지켜야 한다. 어느 한쪽으로 치우치기보다는 두 전략이 꼬리에 꼬리를 물며 잘 연결되어야 한다. 그래야 프로모션도 원활하게 진행되고 매출 증대로 이어질 것이다.

구체적인 계획 없이
실행하지 마라

마케팅 기획이라고 하면 뭔가 거창한 것 같아 부담이 된다. 내가 할 수 있는 영역이 아닌 것 같고, 어려울 것만 같다. '대기업도 아니고, 무슨 마케팅 기획이야?!' 분명 이렇게 생각하시는 분들도 있을 것이다. 하지만 대기업만 마케팅 하라는 법은 없다. 아무리 작은 매장을 운영하더라도 전략을 가지고 움직여야 한다. 마케팅 계획서 작성의 목적은 고객에게 체계적으로 매장을 홍보하여 비용 대비 최대 수익을 얻는 것이다.

마케팅 전략은 절대 어려운 것이 아니다. 단지 처음 접해보니 어색할 뿐이다. 지금부터 마케팅을 어떻게 시작해야 하는지, 내용은 구성해야 만족할 만한 전략을 수립할 수 있는지 설명하고자 한다.

☺ 목적과 목표 정하기

　마케팅 계획을 수립할 때 대체 어디서부터 시작해야 할까? 정답은 바로 목적과 목표부터 정확히 하는 것이다. 우선 목적과 목표가 분명하게 정해져야 단계별로 과정을 계획할 수 있다. 그리고 이렇게 마케팅 계획을 짠 뒤에는 항상 계획한 일정에 맞추어서 잘 실행되고 있는지 확인하자. 무조건 계획서를 따를 필요는 없고 고객의 요구 혹은 상황 변화에 따라 수정해도 좋다.

참고

마케팅 목표를 정할 때 기억해 둘 것!

① **구체적인 수치로 적을 것**
　예: 신규 고객 50명 확보, 매출 10퍼센트 증가
② **측정 가능한 목표를 세울 것**
　목표가 무엇이든 마케팅 종료 후 목표 도달 여부를 체크할 수 있어야 한다.
③ **실현 가능한 목표를 세울 것**
　계획을 세울 때에는 목표 달성에 필요한 자원을 가지고 있어야 한다. 충분한 예산, 실행할 인력, 마케팅을 실행할 기술력 등이 이에 해당한다.
④ **현실적일 것**
　목표는 현실적이고 실현 가능해야 한다. 그래야 동기를 부여할 수 있다. 그렇다고 목표를 낮게 잡으면 지루하게 느껴져 동기 부여가 되지 않는다.
⑤ **정확한 기한을 정할 것**
　목표를 세울 때에는 '앞으로 3개월 동안 신규 회원 50명 모집'과 같이 정확한 마감 기한을 정해야 한다.

⊙ 계획서를 통한 전략 수립

마케팅 목적과 목표를 세웠다면 이제 전략 방향을 설정하고 계획서와 일정표를 작성해 보아야 한다. 아래의 순서와 내용을 참고해 작성한다면 90퍼센트 정도 완성한 것이라고 보아도 된다.

• 마케팅 전략 수립 순서

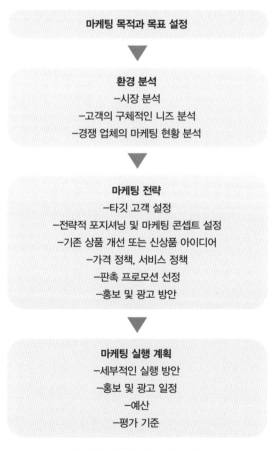

마케팅 목적과 목표 설정

▼

환경 분석
−시장 분석
−고객의 구체적인 니즈 분석
−경쟁 업체의 마케팅 현황 분석

▼

마케팅 전략
−타깃 고객 설정
−전략적 포지셔닝 및 마케팅 콘셉트 설정
−기존 상품 개선 또는 신상품 아이디어
−가격 정책, 서비스 정책
−판촉 프로모션 선정
−홍보 및 광고 방안

▼

마케팅 실행 계획
−세부적인 실행 방안
−홍보 및 광고 일정
−예산
−평가 기준

[그림8] 마케팅 전략 수립 순서

처음부터 너무 세세하게 준비하진 않아도 된다. 아직 구체적이지 않은 부분은 비워두고 큰 그림을 그린다는 생각으로 부담 없이 작성해 보자. 꼭 컴퓨터로 작성할 필요도 없다. 공책에 수기로 작성해도 좋다. 여러 번 수정을 거듭하다 보면 분명 보완할 부분이 보인다.

☺ 마케팅 예산 짜기

마케팅 예산에는 광고 비용 외에도 사은품이나 쿠폰 등의 비용도 포함해야 한다. 이때 사은품이나 쿠폰에 너무 많은 예산을 쏟아 정작 중요한 광고 예산을 못 쓰는 경우도 있으니 주의하자. 실제로 한 기업에서 신규 고객 2,000명 유치를 위한 마케팅을 준비했는데 사은품을 고가로 준비하느라 1억 정도를 지출했다. 그런데 정작 광고비는 2,000만 원에 불과했다. 이는 아주 잘못된 사례이다. 사은품을 아무리 좋은 것으로 준비하더라도 신규 고객에게 홍보하지 못한다면 아무 의미 없는 일이 되고 만다.

마케팅 예산에서 광고 비용이 특히 많은 부분을 차지하는데 이를 너무 많이, 또는 너무 적게 책정해서는 안 된다. 그보다는 예상 매출액(또는 목표 매출액) 대비 일정 비율을 광고 예산으로 책정하는 것이 바람직하다. 예를 들어 매출액 대비 15퍼센트를 광고 예산으로 책정하려 한다면 매출액이 500만 원일 때의 광고 예산은 75만 원이다. 매출 목표액이 1,000만 원일 때의 광고 예산은 150만 원이 적절하다.

도표9와 같이 판촉 활동에 필요한 항목을 빠짐없이 작성해 보자. 이렇게 전체적으로 작성해 두지 않으면 어느 한쪽에 과하게 예산을

사용하여 다른 마케팅에 예산을 분배하지 못하는 경우가 생길 수도 있다.

구분		1개월차	2개월차	3개월차
목표				
구분		1개월차	2개월차	3개월차
마케팅 예산 합계				
온라인 광고	검색 광고			
	배너 광고			
	유튜브 광고			
	SNS 광고			
체험단	블로그 체험단			
	인스타그램 체험단			
판매 촉진	쿠폰 발행			
	사은품			
	전단지			
	기프티콘			
	카탈로그			
다이렉트	문자/카카오톡			

[도표9] 마케팅 예산 분배 예시

알아두면 도움이 되는
마케팅

☺ 감성마케팅(Emotional Marketing)

'감성마케팅'이란 말 그대로 이성적인 소구^{訴求, appeal} 외에 디자인, 색, 향기, 맛, 브랜드 스토리 등 감성적인 요소를 활용하여 브랜드에 친근감과 유대감을 느끼도록 하는 마케팅 전략이다. 감성마케팅은 제품이나 서비스에 대한 감동을 자극해 긍정적인 이미지를 심어주고 감성적인 욕구를 불러일으키는 것이다. 지금부터 다양한 사례를 보며 감성마케팅에 대해 알아볼 것이다. 이를 우리 가게에 어떻게 적용할 수 있을 지 생각해 보자.

"아버님 댁에 보일러 놓아 드려야겠어요."
이것은 아직까지도 회자되고 있는 감성마케팅의 효시 '경동보일러'의 카피이다. 간단한 대사만으로도 사람들의 마음을 움직일 수 있는 카피는 어쩌면 할인보다 더 큰 고객 감동으로 이어질 수도 있다.

　또 한 예로 요즘 학생들이 제일 갖고 싶어 하는 것 중 하나가 바로 아이폰, 아이패드, 맥북, 에어팟 등 애플 제품이다. 왜일까? 기술력이 매우 뛰어나서? 아니다. 카페에 앉아 에어팟을 귀에 꽂고 맥북으로 열심히 작업하는 모습을 상상해 보자. 애플 제품을 가지고 있다는 것 만으로도 사람들의 시선을 끌어당길 수 있다. 소위 말하는 '감성빨'이다. 애플이라는 브랜드가 가진 철학과 디자인 등이 복합적으로 작용하여 애플만의 감성이 만들어진 것이라고 할 수 있다.

　치킨집 앞을 지나가면 닭 튀기는 냄새를 맡을 수 있다. 그런데 여기에 튀김 소리까지 난다고 생각해 보자. 그냥 지나칠 수 있을까? 아직 냄새까지 구연할 수는 없지만 바삭바삭한 튀김 소리나 찌개가 보글보글 끓는 소리, 고기가 지글지글 구워지는 소리는 생생하게 전달할 수 있다. 이처럼 ASMR로 감각을 자극하는 것도 감성마케팅이라고 할 수 있다.

　그 밖에도 요즘은 레트로 감성 카페나 유럽 스타일 카페에 가면 사진을 찍어 인스타그램에 공유하는 것이 일상화되어 있다. 매장에 멋진 포토존이 준비되어 있으면 고객들의 SNS를 통해 입소문을 타기도 한다.

　최근 오감을 복합적으로 자극해 새로운 경험을 선사하는 감성마케팅이 늘어나고 있다. 현대인의 메마른 감성을 촉촉하게 적셔줄 뿐만 아니라 고객들의 만족도도 극대화하는 효과적인 감성마케팅을 시도해 보는 것은 어떨까?

😊 체험마케팅(Experience Marketing)

'체험마케팅'은 말 그대로 소비자들의 직접 체험을 통해 제품이나 서비스를 하는 홍보하는 마케팅 기법인데, 매장의 독특한 분위기, 인테리어, 5성급 호텔 같은 서비스 통해 고객의 감각을 자극해 색다른 체험을 하게끔 하는 것도 체험마케팅에 속한다. 앞서 소개한 감성마케팅도 일종의 체험마케팅이라고 할 수 있다.

백문이 불여일견이라고 고객 입장에서는 제품의 장점이나 제품이 주는 이득을 백번 설명해 주는 것보다 직접 한 번 체험해 보는 깃이 더 낫다. 블로그나 유튜브를 통해 인플루언서들의 체험 후기를 보는 것으로 간접 체험을 해 볼 수도 있지만, 온라인으로 백 번 보는 것보다는 오프라인 매장에서 만져보거나 입어보거나 직접 맛보는 것이 더 구매 욕구를 자극한다.

때문에 기업들은 팝업 스토어나 체험 매장을 오픈하여 고객이 직접 제품을 체험해 보게끔 한다. '삼성전자'에서는 갤럭시 S21 출시 후 무료 대여 서비스를 통해 고객 체험 이벤트를 진행했다. '쿠팡이츠', '배달의 민족', '마켓컬리' 등의 배달 서비스 애플리케이션은 첫 주문 시 할인 혜택을 듬뿍 주며 서비스를 체험해 보고 지속적으로 이용하도록 유도한다. 그뿐인가? '넷플릭스', '왓챠' 등의 OTT 플랫폼 도 1개월 무료 이용권을 마구마구 제공한다.

이러한 체험마케팅은 대기업에서만 할 수 있는 것이 아니다. 신규 오픈한 디저트 카페에서 갓 구운 쿠키를 나눠주거나, 닭강정 가게에서 무료 시식 이벤트를 진행하거나, 마사지숍에서 1회 체험권을 나눠 주는 것도 체험마케팅이다. 하지만 일회성으로 끝나는 경우가 대부분이라 아쉬움이 많다. 또 요즘은 SNS를 통해 체험단 모집해 후기를 남기는 이벤트를 많이 하는데 이 방법은 체험해 보는 사람의 수가 한정적이어서 아쉬움이 있다.

그렇다면 이런 방법은 어떨까? 예를 들어 음식점에서 신메뉴가 출시되었다면 기존 고객들에게 맛보기로 제공해 준다던가, 마사지숍에서 단골에게 고급 코스 무료 체험 기회를 줌으로써 기존 고객의 객단가를 높일 수도 있다. 이런 체험마케팅을 진행하면 고객의 반응도 바로 파악할 수 있으니 일석이조라고 할 수 있다.

🙂 관계마케팅(Relationship Marketing)

고객과 강한 유대관계를 형성하고 이를 유지하며 발전시키는 마케팅 활동을 '관계마케팅'이라고 한다. 쉽게 말해 관계마케팅은 단골을 잘 유지하는 것이다. 때문에 관계마케팅의 중요성은 골목상권을 중심으로 하는 소상공인들이 더 잘 알고 있을 것이다. 나 역시 같은 동네에 몇 년을 살다 보니 사장님이 친절하거나 서로 알고 지내는 매장을 더 자주 가게 된다. 그리고 아이들을 키우는 아빠이다 보니 아이들에게 친절하게 대해주는 곳을 자주 찾아가게 된다. '지난번보다 많이 컸네'라며 아이들에게 사탕을 건네는 사장님에게는 더욱 정이 간다. 이렇게 친밀한 관계를 맺었다면 꾸준하게 방문하도록 유지해야 하는데 대부분 사후 관리나 소통에 소홀하다.

꾸준한 고객 관리를 위해서 기업에서는 보통 CRM^{Customer Relation ship} Management, 고객 관계 관리 데이터를 활용한다. 하지만 대다수 소상공인은 고객 데이터를 가지지 않고 있다. 그나마 카페나 미용실, 키즈카페 같은 곳에서는 쿠폰을 이용하여 방문을 유도할 수 있는데 이것이 전부다. 단골이라고 해서 항상 같은 곳만 가는 것이 아니다. 새로운 곳에서 더 나은 서비스를 제공한다면 언제든지 옮겨가는 것이 고객이다. 때문에 한 번 관계를 맺은 후에도 꾸준한 관리가 필요하다.

이제는 꾸준한 고객 관리를 위해 온라인 채널을 활용할 수밖에 없다. 온라인 채널 외에도 고객을 관리할 매체가 있을까? 요즘은 남녀노소 할 것 없이 길을 걸으면서도 스마트폰에서 눈을 떼지 못한다. 비대면 서비스를 선호하는 고객도 많이 늘어났고 전화보다는 채팅 상

[그림9] 관계마케팅의 예시

담을 선호하는 고객의 수도 앞으로 더욱 늘어날 것이다. 때문에 앞으로는 고객 관리를 위해 SNS, 카카오톡 채널과 같은 온라인 채널을 필수로 도입하거나 하다못해 문자 서비스라도 활용하여 단골 관리를 해야 한다.

3장

지도
서비스
활용
하기

온라인 지도에서 매장 검색이 잘 돼야
고객들이 찾아온다

이사 첫날, 가족들과 저녁을 어떻게 해결할지 고민 중이었다.

"그냥 집에서 자장면에 탕수육이나 시켜 먹을까?"
"동네 구경도 할 겸 외식하자."
"그럼 뭐 먹을 거야?"
"내가 좀 찾아볼게."

연고 없는 동네로 이사하면 어디에 어떤 가게가 있는지 알지 못한다. 일단 외식을 하기로 했으니 스마트폰을 꺼내 동네 맛집부터 검색하기 시작한다. 지도 검색을 통해 먹고 싶은 메뉴를 고르고, 어떤 가게에 갈지 리뷰를 보면서 결정하고 외출한다. 외출 후에도 손에서 스마트폰을 놓지 않고 가는 길을 검색한다. 요즘에는 가고 싶은 장소를 포털이 아닌 인스타그램을 통해서 찾아보는 이들도 점점 늘어나고 있다. 인스타그램도 이용 유저들의 니즈에 맞추어 애플리케이션 내에 지도 서비스를 도입하기까지 했다.

[도표10] 한국인이 가장 많이 사용하는 지도 애플리케이션

　검색 채널로 네이버가 많이 이용되는 만큼 '네이버 지도'를 이용하는 유저의 수가 가장 많다. 내비게이션인 '티맵'이나 '카카오내비'를 제외하면 다음으로는 '구글 지도', '카카오맵'순으로 이용자 수가 많다는 것을 알 수 있다. 예전부터 신규 매장을 오픈하면 가장 먼저 네이버에 등록했다. 네이버에서는 지도 서비스와 예약 서비스, 주문 서비스를 연계해 이용 가능하다. 카카오 역시 '카카오맵'과 주문 서비스를 연계해 이용 가능하도록 오픈했다.

　이번 장에서는 지도와 관련된 다양한 서비스를 소개하고 등록 방법 등에 대해서 자세히 알아볼 것이다. 포기하지 말고 천천히 따라해 보자.

네이버 지도부터
시작해 보자!

사업자라면 네이버의 중요성을 매우 잘 알고 있을 것이다. 네이버 지도에 노출이 잘 되느냐 안 되느냐에 따라 신규 고객 수가 차이 날 정도이니 신경이 쓰일 수밖에 없다. 하지만 이제는 단순히 네이버 지도에 노출되는 것만으로 만족해서는 안 된다. 매장 설명이나 영업 시간, 주요 메뉴 등 매장과 관련된 내용을 수시로 관리해야 한다. 그리고 고객들의 리뷰도 신경 써야 하며 또 경쟁 업체에 뒤지지 않기 위해서 네이버의 다양한 서비스(예약, 주문, 톡톡 등)를 이용할 줄 알아야 한다.

네이버 지도의 대표적인 서비스 중 하나가 바로 '네이버 예약'이다. 한 예로 '야놀자', '여기어때', '아고다' 등 쟁쟁한 숙박 예약 플랫폼이 많지만, 숙소를 예약할 때 네이버 예약의 이용자 비율이 가장 높다고 한다. 특히 연령대가 높을수록 그 비율이 더 높다고 한다.

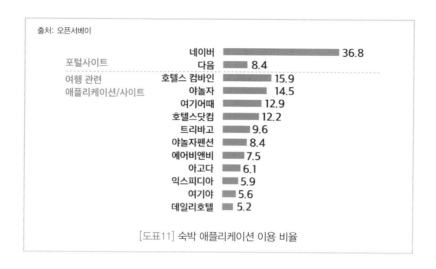

출처: 오픈서베이

포털사이트	네이버	36.8
	다음	8.4
여행 관련 애플리케이션/사이트	호텔스 컴바인	15.9
	야놀자	14.5
	여기어때	12.9
	호텔스닷컴	12.2
	트리바고	9.6
	야놀자펜션	8.4
	에어비앤비	7.5
	아고다	6.1
	익스피디아	5.9
	여기야	5.6
	데일리호텔	5.2

[도표11] 숙박 애플리케이션 이용 비율

'네이버 예약'은 음식점, 미용실, 키즈카페 등 업종에 상관없이 이용 가능하다. 또한 타 플랫폼과 달리 예약에 대한 별도의 수수료가 발생하지 않는다. 그렇다고 네이버가 아무런 이익도 없이 예약 서비스를 운영하는 것은 아니다. 네이버 예약을 통해 즉시 결제를 진행하면 네이버페이를 통해 결제된다. 따라서 네이버페이 결제에 따른 이용 수수료를 받는 구조라고 보면 된다. 하지만 이마저도 타 플랫폼에 비해서는 매우 저렴한 편이다. 그럼 이제 네이버의 '스마트 플레이스'에 대해서 제대로 알아보자.

😊 네이버 스마트 플레이스(https://new.smartplace.naver.com/)

네이버 지도 등록과 연계한 서비스를 이용하기 위해서는 '네이버 스마트 플레이스'에 가입해야 한다. 스마트 플레이스는 네이버에 검색되는 내 업체 정보 및 리뷰를 직접 관리할 수 있는 서비스이다. 스마트 플레이스를 통해 고객들이 내 매장을 얼마나 찾고 있는지 통계를 볼 수 있으며, 스마트콜, 예약과 주문, 톡톡 등의 서비스도 이용할 수 있다.

또 스마트 플레이스에는 개업한 지 90일이 넘지 않은 업체(예를 들어 음식점, 미용실, 네일숍, 숙박 업종 등)를 소개해 주는 서비스가 있다. 검색 결과 하단에 노출되는 '새로 오픈했어요'를 본 적이 있을 것이다.

[그림9] 네이버 스마트 플레이스 새로 오픈했어요 서비스

'새로 오픈했어요' 참고 사항

숙박 정보는 일부 업종에 한해 노출된다.
-노출 업종: 게스트하우스, 캠핑장, 전통 숙소(한옥스테이), 민박, 여관, 펜션 등
-비노출 업종: 모텔, 호텔 등

※최근 개업한 음식점, 미용실, 네일숍, 숙박 업종이 여러 개일 경우, 검색어에 따라 무작
 위로 변경되어 노출된다.

[그림10] 네이버 스마트 플레이스 관리 전후 비교

그림10을 보자. 스마트 플레이스를 관리했을 때와 하지 않았을 때
의 차이가 뚜렷하다. 고객 입장에서 한번 생각해 보자. 왼쪽처럼 관리

되지 않은 페이지를 보면 이 가게가 정말 운영 중인 가게인지 의심부터 하게 된다. 오른쪽 사진처럼 매장 정보를 정확히 알려주어야 고객들이 관심을 가지고 찾아오게 될 것이다. 그리고 오른쪽 사진처럼 정보를 입력한 뒤에도 정기적으로 관리하며 현재와 다른 정보가 있다면 수정을 해야 한다.

😊 네이버 스마트 플레이스 등록하기

스마트 플레이스는 네이버 아이디로 로그인할 수 있다. 절대 다른 사람의 아이디로 로그인해서는 안 된다. 그렇게 하면 관리도 안 될뿐더러 나중에 수정하려면 권한을 받아야 하는 번거로운 과정이 따르기 때문이다.

먼저 스마트 플레이스에 접속해 메인화면에서 업체 신규 등록을 선택한 후 직접 입력하기를 통해 스마트 플레이스 등록을 진행한다. 신규 업체 등록은 어렵지 않다. 요구하는 내용만 잘 입력하면 된다.

업체의 등록 여부부터 조회한 후 업체명과 업종을 입력한다. 만약 프랜차이즈 업체라면 업종에 프랜차이즈명을 검색하여 등록을 진행한다. 또 사진 추가 항목에는 절대 한 장만 넣어서는 안 된다. 고객 입장에서 생각해 보자. 고작 사진 한 장만 보고 매장에 오고 싶은 마음이 들까? 고객들은 매장 시설이 어떤지 구석구석 보고 싶어 한다. 식당이라면 단체석이 마련되어 있는지, 룸이 완비되어 있는지 궁금해할 수도 있다. 이런 부분 때문에라도 사진을 여러 장 올려서 고객에게 어필해야 한다.

가장 중요한 것은 '상세 설명'과 '대표 키워드'이다. 이 부분이 바로 스마트 플레이스 검색 결과의 핵심이다. 설명문에 고객에게 어필할 내용을 적는 것도 물론 중요하지만, 대표 키워드를 포함하여 작성하는 것이 더 중요하다. 네이버 AI가 이 부분을 토대로 검색 결과를 노출시키기 때문이다.

> **참고**
> 네이버 키워드 조회 수를 확인하는 방법은 〈4장. SNS 마케팅의 종류와 활용법〉에 설명해 두었으니 확인해 보길 바란다.

그 밖에 부가적인 정보를 등록하는 부분은 어렵지 않다. 그중에서 고객을 위해서 신경 써야 할 부분을 두 가지 짚어보자.

첫째, **홈페이지, 블로그, 인스타그램 등 다른 SNS를 꼭 하나 이상 등록하자.**
둘째, **가격 정보 노출 부분은 메뉴별로 하나씩 사진과 함께 등록하자.**

그림11의 오른쪽 가격표를 본 고객은 어떤 생각을 할까? 고객들이 매장에서 와서 직접 상담받기를 바라는 마음에서 가격을 적지 않은 것 같은데, 요즘 고객들은 미리 모든 것을 알아보고 가기를 원한다. 싯가로 파는 대게도 아니고, 이용값이 변동이라고 적혀 있다면 전혀 신뢰가 가지 않을 것이다.

[그림11] 네이버 스마트 플레이스 가격 정보

😊 스마트 플레이스에서 상위 노출하는 방법

많은 이들이 스마트 플레이스 순위를 중요하게 여긴다. 예전에는 경쟁이 치열한 업종에서 지도 상위 노출을 위해 불법적인 방법을 쓰기도 했다. 하지만 최근에는 스마트 플레이스 상단에 광고를 노출시키기 때문에 돈만 조금 들이면 후발주자도 충분히 상위 노출을 노릴수 있게 되었다. (스마트 플레이스 광고에 대한 내용은 〈5장. 그 외 다양한 홍보 채널〉에서 좀 더 상세히 다루도록 하겠다.) 그래도 만약 돈을 들이지 않고 상단 노출 된다면 얼마나 좋겠는가? 어떤 부분이 스마트 플레이스 순위를 결정하는지 정리해 보았다.

첫째, **카테고리(업종) 선정이 중요하다.**

둘째, **설명 글과 대표 키워드를 설정하자.**

셋째, **업체명을 등록하자. 이때 대표 키워드를 포함하여 등록한 업체명이 더 잘 노출될 가능성이 높다.**

[그림12] 네이버 스마트 플레이스 검색 광고

예시: '비엔나커피 카페'라는 상호에 'ㅇㅇ동 카페'라는 키워드를 추가하면

검색 시 검색 결과에 타 업체 대비 노출 확률이 높아진다.

넷째, 영수증 리뷰, 평점, 블로그 리뷰를 잘 관리하자.

다섯째, 네이버 서비스를 얼마나 잘 이용하고 있는지 자주 체크해 보자.

여섯째, 정보 수정 및 관리를 자주 하자.

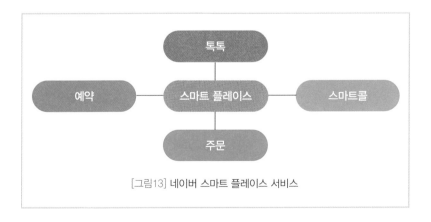

[그림13] 네이버 스마트 플레이스 서비스

어느 부분이 가장 큰 점수를 차지하는지 그 기준은 네이버에서 공개하지 않았기 때문에 정확히 알 수 없다. 카테고리나 업체명은 한 번 등록하면 수정할 일이 거의 없을 것이다. 그러니 리뷰 관리와 정보 업데이트, 그리고 네이버 서비스를 얼마나 잘 이용하느냐가 관건이 될 수 있다.

😊 리뷰 수를 위한 이벤트

스마트 플레이스 상단에서 방문자 리뷰, 블로그 리뷰와 리뷰 건수를 확인할 수 있다. 블로그 리뷰는 체험단을 모집해 비교적 간단하게 늘릴 수 있다. 이번에는 방문자 리뷰에 대해 좀 더 상세히 알아보자. 이미 가게를 운영하고 있다면 알겠지만, 고객이 MY

[그림14] 네이버 MY플레이스 서비스

플레이스에서 영수증을 인증하고 평가를 남기면 그것이 방문자 리뷰로 남는다. 한동안 이 리뷰 때문에 별점 테러 문제로 사업자들의 스트레스가 이만저만이 아니었다. 하지만 2021년 10월 네이버에서 별점을 없애고 리뷰만 작성할 수 있도록 제도를 변경했다. 만약 평균 별점 노출을 원하지 않는다면 노출 설정을 변경하면 된다.

별점 제도는 없어졌지만, 네이버 스마트 플레이스에서 상위 노출을

평균 별점 노출 변경하는 방법

① 스마트 플레이스에 접속한다.
② 내 업체 메뉴를 선택한다. 업체를 여러 개 관리 중인 경우 설정 변경할 업체를 선택한다.
③ 우리가게 리뷰 하단에 위치한 평균 별점 노출 설정을 '노출' 또는 '미노출'로 변경한다.

하려면 여전히 방문자 리뷰가 많아야 한다. 고객들이 남긴 리뷰를 AI가 요약하는 기능이 남아있기 때문이다. 이에 한 가지 방안을 제안하고자 한다. 바로 영수증 리뷰 이벤트이다. 더 이상 별점으로 평가받는 일은 없을테니 부담 갖지 말고 이벤트 참여를 권유해 보자. 앞서 말했듯 이런 이벤트를 해도 귀찮아서 참여하지 않는 경우가 낳으니 서비스에 만족하거나 자주 오는 고객들에게 우선 권유해 보기를 권장한다.

마지막으로 영수증 리뷰에 참여해 준 고객들에게 답글을 달아 감

[그림15] 네이버 방문자 리뷰 이벤트 예시

사 인사를 전하자. 이 기능을 활용하지 않는 업체가 많은데 호감을 표시한 고객에게는 감사의 인사를 꼭 하자. 그리고 불만족스럽다는 리뷰를 남긴 고객에게는 개선하겠다는 답글을 달아서 재방문할 수 있도록 해야 한다. 이런 것도 관계마케팅의 일종이라고 할 수 있다. 바쁘고 귀찮을 수도 있지만 작은 것을 잘 챙겨야 단골을 늘릴 수 있다.

[그림16] 영수증 리뷰 답글 달기

😀 스마트 플레이스 서비스: 네이버 톡톡, 예약/주문, 스마트콜

네이버 예약 서비스는 음식점, 미용실, 네일숍, 병원 등 다양한 업종에서 활용된다. 코로나19로 인해 온라인 예약 문화가 더 확고히 자리를 잡아가고 있다. 그뿐만 아니다. 전화로는 24시간 예약이 거의 불

가능하다. 그런데 만약 늦은 시간에 연말 모임 장소를 예약하려고 하려던 고객이 여러분 가게의 온라인 예약 기능을 보고 찾아올 수도 있다. 현재 네이버 예약은 예약/주문 페이지를 직접 등록할 수 있을 뿐만 아니라 예약/주문 페이지 무료 제작 서비스도 지원하고 있다.

다음으로 주문 서비스에 대해서 알아보자. 네이버 주문을 진행하기 위해서는 네이버페이와 연동 작업이 필요하다. 네이버 주문의 장점은 비대면으로 주문을 받을 수 있다는 점이다. 최근에는 스마트 메뉴판을 도입하는 업체의 수가 늘고 있다. 하지만 굳이 스마트 메뉴판을 도입하지 않더라도 네이버 주문을 통해서 동일한 서비스를 이용할 수 있다. 그뿐만 아니라 스탬프 기능도 있어 단골에게 할인 쿠폰도 제공할 수 있다. 네이버 주문 기능을 이용하는 음식점에는 네이버 주문 키트도 무료로 제작해 주니 신청해 보는 것은 어떨까?

네이버에서 가게 정보를 검색해 보면 전화번호가 050으로 시작하는 경우가 많다는 것을 알 수 있다. 이는 네이버의 '스마트콜 서비스'를 사용하고 있기 때문이다. 물론 다른 서비스도 활용성 있지만 그중에서도 스마트콜 사용을 추천한다. 스마트콜에는 ARS 기능이나 부재중 확인 기능이 있다. 하지만 내가 스마트콜을 추천하는 이유는 네이버에서 고객이 전화를 건 매체와 검색 관련 통계

[그림17] 네이버 주문

를 제공하기 때문이다. 즉, 고객이 어떤 사이트에서 유입되었는지, 어떤 키워드를 검색해 우리 매장을 찾았는지, 전화가 많이 오는 시간은 언제인지 등 통계를 제공하기 때문에 마케팅에 활용하기에 적합하다.

코로나19로 인해 비대면을 더욱 편하게 여기는 이들이 있다는 이야기는 많이 접해봤을 것이다. 특히 젊은 세대일수록 통화보다는 카카오톡과 같은 메신저를 더 많이 활용한다. 네이버에는 '톡톡'이라는 메신저 서비스가 있는데 이를 통해 예약 상담을 하거나 궁금한 점을 문의할 수 있다. 나 역시 매장 방문 전 미리 주문해야 하는 제품이 있을 때나 병원 상담이 필요할 때 톡톡을 이용하곤 한다.

😊 스마트 플레이스 통계

마지막으로 알려드릴 것은 통계다. 분명 스마트 플레이스를 통해 노출을 신청하긴 했는데 제대로 되는 중인지, 고객들의 연령대는 어떤지, 누가 검색하고 방문하는지 궁금할 것이다. 유입 키워드는 꼭 파악해 보는 것이 좋다. 키워드 검색 시 내 매장은 몇 순위인지, 함께 노출되는 경쟁 업체에 비해 무엇이 부족한지 파악할 수 있기 때문이다. 통계를 확인하는 방법은 어렵지 않다. 중요한 것은 이것을 어떻게 해석하느냐이다. 이를 제대로 이해하고 차후 마케팅에 활용할 수 있어야 한다.

[그림18] 네이버 스마트 플레이스 통계

카카오맵에
매장 정보를 등록하자

'카카오맵', '카카오내비'는 앞서 지도 애플리케이션과 함께 소개한 서비스다. 카카오에는 '카카오톡'이라는 강력한 무기가 있다. 그리고 최근 '카카오TV'를 통해 오리지널 영상 콘텐츠를 제작 및 방영해 점점 이용자 수가 늘어나고 있다. 그 밖에도 '카카오뱅크', '카카오페이지', '카카오페이' 등 다양한 플랫폼을 갖추고 있다.

카카오맵은 네이버보다 이용자 수는 적지만, 성장 가능성이 충분하다. 한 채널이라도 더 많이 노출하는 것이 중요하다. 아마 직접 등록하지 않아도 카카오맵에 매장 정보가 이미 등록되어 있을 것이다. 게다가 고객들이 리뷰도 달아두었을 것이다. 하지만 직접 등록한 것이 아니니 잘못된 정보가 적혀 있을 수도 있다. 그러니 이제부터라도 매장 정보를 관리하도록 하자.

그림19를 보자. PC에서 카카오맵을 검색하면 신규 장소 등록이라는

버튼이 보일 것이다. 해당 버튼을 클릭한 후 **카카오맵 매장관리**를 클릭하면 매장 정보를 등록할 수 있다. 만약 업체 정보를 등록하지 않았는데 카카오맵에 이미 검색 결과가 있다면 내 매장 정보 중앙의 **카카오맵 매장관리**를 클릭해 매장 정보를 수정하면 된다. 앞서 스마트 플레이스를 경험해 봤으니 아마 어렵지 않을 것이다.

[그림19] 카카오맵 등록하기

카카오맵 매장관리는 네이버 스마트 플레이스와 유사하다. 이 기능을 통해 이벤트 쿠폰을 발행하거나 고객에게 새로운 소식을 알릴 수도 있다. 또 네이버 리뷰와 마찬가지로 고객 리뷰에 답글을 달아서 소통할 수도 있다.

'카카오 주문하기'와 '카카오헤어샵', 꼭 등록해야 할까요?

● 카카오헤어

미용실을 운영한다면 카카오헤어샵 애플리케이션을 알 것이다. 사실 카카오헤어샵의 경우 전망이 좋은 편은 아니다. 많은 이들이 네이버 예약을 이용하기 시작했기 때문이다. 카카오 내부에서도 해당 서비스 철수 여부에 대한 이야기가 오갔다고 하는데, 결론적으로 아직 철수하지 않고 더 나은 서비스를 제공하겠다는 입장문을 내 걸었다.

앞으로 어떻게 될 것인지는 조금 더 두고 봐야겠지만, 점점 이용자가 줄어든다면 굳이 이용할 필요가 있을까? 조금 더 신중히 입점 여부를 결정하는 것이 좋을 것이다.

● 카카오 주문하기

카카오 주문하기는 '요기요', '배달의민족', '쿠팡이츠'와 같은 배달 플랫폼이다. 카키오 주문하기는 업계에서 가장 낮은 수수료와 별도 애플리케이션 없이 POS를 연동하는 편리성을 내세워 점주를 모집하고 있다. 그런데 이미 다른 배달 애플리케이션에서 차지하는 비중이 매우 높기에 카카오 주문하기가 얼마나 선전할지는 두고 봐야 할 것이다.

출처: 오픈서베이

[도표12] 배달 서비스 이용 경험

전세계에서 가장 많이 사용하는
지도 애플리케이션
구글맵&구글 마이비즈니스

얼마 전 직장 동료와 함께 맛집에 다녀왔는데 구글맵에서 평점을 남겨달라는 알림이 왔다. 이뿐만 아니다. 여행지나 인기 있는 장소에 다녀오면 어김없이 구글맵에 리뷰를 남겨달라는 알림이 뜬

[그림20] 구글맵 평점 요청 메시지

다. 리뷰를 남긴다고 해서 나에게 보상이 돌아오는 것은 아니지만 다른 사람들에게 괜찮은 장소를 공유하고 싶은 마음에 그냥 넘기지 않고 간단한 별점과 리뷰를 남긴다. 실제로 구글맵에서 매장 정보를 클릭해 보면 리뷰 수가 의외로 많다는 것을 알 수 있다.

앞서 도표10에서 확인했듯 구글맵은 국내에서 네이버지도 다음으로 사용자 수가 많다. '에어비앤비', '아고다' 등 인기 숙박 애플리케

이선에서 숙소 위치를 보려고 할 때 대부분 구글맵을 사용한다. 해외에서는 어떨까? 마찬가지로 구글맵을 가장 많이 사용한다. 그렇다면 한국에 여행 온 해외 관광객들 역시 구글맵을 사용하는 것이 가장 편리하지 않을까? 구글맵은 유독 한국 정부와 마찰을 빚으며 지도 업데이트를 하지 않았으나 2020년부터 조금씩 변화하더니 2021년 말 대대적인 업데이트가 이루어졌다. 아직 국내 지도 애플리케이션에 비해서는 부족한 부분이 있지만, 구글에서 지속적으로 업데이트하겠다고 표명했다.

이렇게 구글맵은 계속 업데이트되고 있을뿐더러 안드로이드 휴대폰에 기본으로 탑재된 애플리케이션이기 때문에 접근성도 좋다. 내가 구글맵을 자주 사용하는 건 타임라인 기능 때문이다. 이는 기간을 지정하면 해당 기간에 다녀온 음식점이나 숙소를 알려주는 편리한 기능이다. 그림22처럼 2021년 8월에 평창 여행에 들렀던 여행지와 음식점을 정확히 알려주고 있다.

[그림21] 구글맵 타임라인

또 앞서 얘기했듯 구글맵은 해외에서도 많이 사용하는 애플리케이션이기 때문에 해외 관광객이 많이 찾아오는 지역에 위치한 가게라면 더더욱 구글맵에 장소를 등록하고 정확한 정보를 제공하는 것이 중요하다.

☺ 구글 마이비즈니스 등록하기

'구글 마이비즈니스'는 네이버 플레이스나 카카오 매장관리와 비슷한 서비스로, 구글맵에 매장 정보나 기업 정보를 표시하는 플랫폼이라고 보면 된다.

[그림22] 구글맵 매장 정보

그럼 이제 구글 마이비즈니스 이용법을 알아보자.

플레이스토어나 앱스토어에 구글 마이비즈니스를 검색 하면 구글 비즈니스 프로필 시작하기를 찾을 수 있다. 이것을 클릭한 후 가입 및 비즈니스 인증하기를 눌러 비즈니스 등록을 클릭하면 쉽게 업체 프로필을 작성할 수 있다.

[그림23] 구글 마이비즈니스 프로필 만들기

만약 배달을 겸하는 업종이라면 프로필을 만들 때 서비스 제공 지역을 꼭 추가해 지역을 확장하는 것을 추천한다. 그리고 프로필 등록의 마지막 단계에는 전화 인증과 엽서 인증이 있다. 이는 실제로 존재하는 매장인지 파악하기 위한 것이다. 특히 엽서 인증은 구글에서 인증코드가 적힌 엽서가 오는데 보통 14일에서 1개월 사이에 도착한다. 인증까지 끝냈다면 좀 더 상세한 정보 제공을 위해서 영업 시간, 업체 설명, 사진 등록해 마무리하면 된다. 마찬가지로 매장 사진은 여러 장 등록하도록 하자. 꼼꼼하게 등록할수록 고객이 는다.

이젠 인스타그램도
놓칠 수 없다

인스타그램은 장소 관련 검색어에 현재 위치 중심 가볼 만한 곳을

추천해 주는 검색 기능을 추
가했다. 여전히 네이버 검색을
이용하시는 분들도 있겠지만,
인스타그램을 주로 이용하는
분들이나 이미지와 해시태그
로 장소를 찾은 후 네이버에서
다시 검색하는 것이 불편했던
분들은 인스타그램의 지도 기
능을 유용하게 이용할 수 있을
것이다.

[그림24] 인스타그램 해시태그 검색 결과

[그림25] 인스타그램 검색창에 있는 지도 아이콘을 클릭하면
오른쪽과 같이 주변 핫플레이스를 확인할 수 있다.

이제 인스타그램에 익숙하지 않은 이들을 위해 자주 물어보는 질문에 답해보도록 하겠다. 익숙하지 않다고 지레 겁먹지 말고 차근히 따라해 보자.

 인스타그램 계정을 여러 개 만들 수 있나요?

인스타그램으로 홍보 활동을 시작하기 전부터 매장과 관련 없이 개인적으로 인스타그램을 운영해와서 기존 인스타그램을 포기하기가 쉽지 않은 분들이 있을 것이다. 하지만 다행히 오래 써온 계정을 정리할 필요 없이 신규 계정을 여러 개 생성할 수 있다. 이는 4장에서 자세히 설명하도록 하겠다.

 저희 가게는 인스타그램 지도에서 보이지 않아요!

오래 운영해온 곳이나 유명한 장소는 지도에 잘 노출되지만, 신규 오픈한 매장이라면 당연히 바로 등록되진 않는다. 또 오랫동안 사업을 해 왔지만, SNS에 전혀 관심이 없어서 이런 마케팅 방법이 있는지 몰랐던 분들도 있을 것이다. 이제부터 차근히 알려줄 테니 따라해 보자.

게시물을 최종적으로 올리기 전 위치 추가라는 메뉴가 보일 것이다. 해당 메뉴를 클릭하고 이어서 위치 찾기에서 매장명을 검색해 보자. 인스타그램 지도에서 매장이 잘 노출되고 있는가? 그렇다면 다행이지만, 위치 추가를 해 보려는데 검색되지 않는다면 직접 위치 등록을 해야 한다.

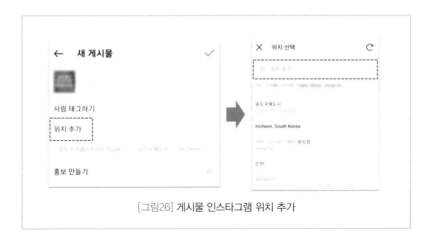

[그림26] 게시물 인스타그램 위치 추가

인스타그램에서 바로 위치 등록을 할 수 있다면 좋겠지만, 아쉽게도 다른 과정을 거쳐야 한다. 위치 등록을 위해서는 페이스북에 접속해야 한다. 페이스북이 인스타그램을 인수한 뒤로 여러 가지 기능을 공유해서 사용하기 때문이다.

😃 페이스북을 통한 위치 등록 방법

인스타그램에 위치 등록한 방법을 설명할 테니 따라해 보자. 참고로 페이스북 계정이 있어야 가능하다. 만약 없다면 우선 페이스북 계정부터 개설하자.

① 페이스북에서 게시물 만들기를 클릭한다.
② 게시물 만들기에서 체크인이라는 메뉴가 보일 것이다. 이것을 클릭하면 검색창이 나온다.
③ 검색창에 등록하고자 하는 장소를 검색한다.

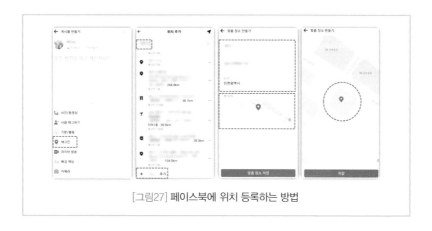

[그림27] 페이스북에 위치 등록하는 방법

④ 맨 하단에 추가 버튼을 클릭하여 맞춤 장소 만들기로 이동한다.

⑤ 장소명과 상세 주소를 입력하고 지도에서 정확한 위치를 선택한 후 저장한다.

⑥ 이제 게시물을 최종 업로드하면 된다.

이렇게 위치 등록을 마치면 페이스북 시스템에 장소가 반영되는데, 바로 되는 것은 아니고 시간이 조금 걸린다. 통상적으로 7~14일이 소요되며 페이스북에 먼저 반영된 후 인스타그램에 반영된다.

아직 끝난 것이 아니다! 위치는 추가했지만, 정보는 입력하지 않았다. 때문에 해당 장소에 대한 제대로 된 정보를 추가해야 좀 더 나은 검색 결과를 얻을 수 있을 것이다.

추가 정보를 입력하는 방법은 다음과 같다.

😊 추가 정보 입력 방법

[그림28] 페이스북에 추가 정보를 입력하는 방법

① 조금 전 업로드한 페이스북 게시물에서 지도 부분을 클릭한다. 확인해 보면 지도에 가게가 등록되긴 했지만 상호 이외의 정보는 보이지 않을 것이다.

② 상세 정보 제공을 위해서 정보 수정 제안을 클릭한다.

③ 전화번호, 웹사이트, 카테고리, 영업 시간 등 필요한 정보를 채운 후 완료 버튼을 누르면 검색 결과에 상세 정보가 반영된다.

이번 3장에서는 매장 홍보에 있어 가장 중요한 지도 등록에 대해서 알아보았다. 오프라인 매장을 운영한다면 지도상 매장 정보를 항상 신경 써야 한다. 지도에 등록된 내용과 실제 매장에서 시비스하는 내용이 다르면 관리가 잘 되지 않는다는 인상을 줄 수도 있기 때문이다. 이제 고객들은 스마트폰으로 정보를 얻는다. 네이버, 카카오, 구글, 인스타그램까지 어느 하나 놓치지 말고 처음 등록할 때 신경을 써서 해 둔다면 이후 관리는 어렵지 않을 것이다.

QUIZ

Q. 다음 중 성격이 다른 서비스는?

① 쇼츠　　　　　② 팟빵

③ 릴스　　　　　④ 틱톡

팟빵을 제외한 나머지는 서비스들은 숏폼 영상을 제공하는 서비스이다.　　정답 : ②

4장

SNS 마케팅의 종류와 활용법

다양한 홍보 채널 만들기

앞서 지도 등록에 대해서 알아보았다. 그런데 지도 등록만으로는 충분하지 않다. 그래서 필요한 것이 바로 홍보 채널이다. '홍보 채널이 굳이 필요할까? 없어도 지금까지 잘해왔는데'라고 생각하는 분도 분명 있을 것이다. 하지만 시대가 변했다. 이제는 전단 대신 온라인으로 홍보하는 시대다. 신규 고객을 찾기 위해서, 기존 고객과 좀 더 친밀한 관계를 유지하기 위해서 SNS 채널이 필요하다.

주변의 다른 가게들을 살펴보자. 이름이 좀 알려진 가게를 둘러보면 알겠지만 다들 홍보 채널 하나쯤은 갖추고 있다. 물론 남들이 다 하니 당신도 하라는 것이 아니다. SNS 채널을 갖추고 있으면 신규 서비스나 메뉴가 나왔을 때 고객들에게 신속히 알릴 수 있다. 만약 학원이라면 방학 특강을 홍보하고 싶을 때 활용할 수도 있다.

또 SNS 채널을 이용하면 고객이 감동할 만한 스토리도 전할 수 있다. 설비공사를 하는 업체에서 변기 교체에는 비용이 많이 드니 가능한 한 교체 대신 다양한 방법으로 수리를 시도해 결국 시원하게 뚫어 주었고 고객이 만족하는 모습에 자신도 흡족했다는 글을 올렸을 때 그 글을 읽는 이들은 어떤 생각을 할까? 업체에 맡겼다가 바가지라도 쓸까 걱정하던 고객도 이를 읽으면 이 업체에 일을 맡기고 싶다는 생각이 들 것이다. 이런 이야기를 무엇을 통해 알릴 것인가? 바로 SNS다. 때문에 블로그, 인스타그램, 유튜브 등의 채널이 필요한 것이다. 요즘 고객들은 한 채널에 국한되지 않고 여러 SNS를 함께 사용한다. 한 채널에 매진하는 것도 좋지만, 여유가 된다면 2개 이상 운영하는 것을 추천한다.

SNS 채널의 장점은 가게 소식을 간단히 알릴 수 있을 뿐만 아니라 고객과 자연스럽게 소통할 수도 있다는 것이다. 자주 방문하는 고객의 인스타그램 계정을 안다면 '좋아요'를 누르거나 댓글을 달아 친근감을 표현할 수 있다.

모든 채널을 관리하기에는 무리가 있다. 그러니 이번 장을 읽어 보고 운영할 수 있는 SNS, 또는 내 타깃 고객이 많이 이용하는 SNS부터 하나씩 만들어 보는 것을 추천한다. 이제 손쉽게 만들어 볼 수 있는 채널을 소개하고 계정을 생성하는 방법과 활용법에 대해 배워볼 것이다.

네이버 블로그

블로그는 지식iN, 카페와 함께 네이버의 대표적인 서비스다. 궁금한 것을 네이버에 검색하면 네이버 블로그에서 웬만한 정보를 다 얻을 수 있다. 게다가 이용자 수도 많다. 블로그는 네이버의 VIEW 영역을 중심으로 가장 많이 노출되며 맛집 찾을 때, 여행 가기 전 가볼 만한 곳을 검색할 때, 교정을 잘하는 병원을 찾을 때에도 유용할 만큼 정보력이 무궁무진하다. 이러한 블로그의 정보력은 네이버가 만든 것이 아니라 바로 우리 이웃들이 자신이 가진 정보를 나누기 위해서 포스팅하며 쌓인 것이다. 또한 최근 네이버 블로그에는 쇼핑몰처럼 상품을 판매할 수 있는 '네이버 마켓'이라는 기능도 생겼다.

모든 이들이 블로그를 인플루언서처럼 전문적으로 운영할 필요는 없다. 우리가 블로그를 운영하려는 이유는 방문자 수를 높이기 위해서가 아니라 고객들이 필요한 것을 검색했을 때 우리 매장 정보를 제공하기 위해서이다. 이 점을 잊지 말자. 부담 가질 필요 없다.

저는 글솜씨가 없는데 블로그를 잘 운영할 수 있을까요?

많은 이들이 글쓰기를 두려워한다. 사실 글을 쓰는 것은 결코 쉬운 일이 아니다. 어떤 주제로 글을 쓸 것인가 고민만 하다가 포스팅을 포기하는 분들도 있을 것이고, 혹여 잘못된 정보를 전하게 될까 망설이는 분도 있을 것이다. 이 외에도 다양한 이유로 블로그를 운영하지 않는 분들이 많은데, 블로그는 절대 어렵지 않다. 몇 가지 요령만 터득한다면 부담 없이 운영할 수 있다.

솔직하게 대답해 보자. 당신은 다른 사람들의 블로그를 볼 때 정말 모든 텍스트를 읽어 보는가? 아마 그렇지 않을 것이다. 대부분 필요한 정보만 찾아 읽는다. 이처럼 블로그를 볼 때는 텍스트보다는 이미지와 핵심 정보만 보는 경우가 많다. 그러니 처음부터 긴 글을 쓰려고 노력할 필요는 없다. 가볍게 핵심만 요약해서 전하고자 하는 메시지와 이미지를 적절히 섞어 포스팅하면 된다.

블로그 관련 강의를 나가보면 글을 몇 번 올리고 나면 더 이상 쓸 소재가 없어 곤란하다고들 한다. 하지만 사실 차고 넘치는 것이 소재다. 예를 들어 영어학원을 운영하고 있다면 ①오늘의 회화 한 마디 ② 영어 공부하기에 좋은 영화 소개 ③ 좋은 영어책 한 권 소개 ④학원 소식, 이렇게만 해도 벌써 주제가 4가지나 된다. 이를 매주 1개씩만 포스팅해도 한 달이 지나간다.

물론 꼭 내 업종과 관련 있는 내용을 포스팅해야 하는 것은 아니다. 내 가게 주변 가볼 만한 장소 소개, 손님과의 에피소드, 동네 소식(이는 시청, 구청 블로그에서 쉽게 찾아볼 수 있다), 정 없다면 신문에서 본 내용을 전달하는 것만으로도 충분하다. 예를 들어 청과물 가게나 반찬 가게에서는 제철 나물 종류와 효능 소개만으로도 많은 콘텐츠를 만들 수 있다. 하지만 포스팅의 본 목적을 잊으면 안 된다! 다시 말하지만 블로그 방문자 수를 늘리는 것이 아니라 내 매장을 많이 노출하는 것이 중요하다.

다음으로 포스팅 일정이다. 우리는 전문 인플루언서가 아니니 일정을 빽빽하게 짜 매일같이 글을 쓸 필요는 없다. 초반에는 일주일에 1~2개 정도만 포스팅해 보자. 여유를 갖되 아예 안 올리는 건 안 된다. 한 번 안 올리기 시작하면 그다음부터는 영영 하기 싫어진다. 한 달 포스팅 일정을 미리 정해 달력에 표시해 두면 도움이 된다.

마지막으로 포스팅의 양이다. 앞서 얘기했듯 글솜씨도 뛰어나지 않은데 굳이 긴 포스팅을 했다간 지쳐서 다음부터는 하지 않게 된다. 그러니 이미지 한 장에 짧은 글 2~3줄 정도가 적절하다. 가볍게 도전해야 즐길 수 있다. 요령이 생기면 그때부터 조금 더 긴 포스팅에 도전하자.

 어떻게 하면 VIEW 검색 결과에 잘 노출될 수 있을까요?

블로그의 홍보 효과가 예전같지 않다고 생각하는 분들이 많다. 어느 정도 맞는 말이다. 인스타그램이나 유튜브의 인기가 높아지면서 블로그는 조금씩 밀려났다. 하지만 유행은 돌고 돈다. 최근 조사 결과에 따르면 블로그가 다시 부활하고 있다고 한다. 특히 MZ세대를 중심으로 이용자 수가 늘어나는 추세이다.

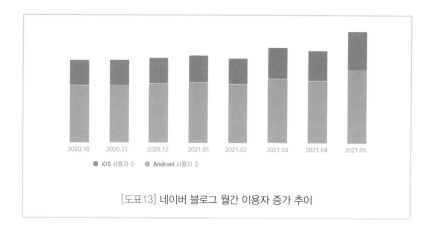

[도표13] 네이버 블로그 월간 이용자 증가 추이

블로그가 재유행하는 이유에는 여러 가지가 있다. 우선 인스타그램과 비교해 보자. 인스타그램은 사진 위주의 콘텐츠이다 보니 의견이나 생각을 글로 전달하기에는 어려움이 있다. 그렇다고 유튜브에 영상을 올리자니 콘텐츠 하나 만드는 데 기획과 대본을 준비해야 할 뿐만 아니라 시간도 많이 들고, 영상을 찍어야 한다는 부담감도 생긴다. 그에 비해 블로그는 자신의 의견을 깊이 있게 이야기할 수 있고 같은 분야에 관심 있는 사람과 소통하는 데에도 가장 적합한 매체라는 장점이 있다.

이렇게 다시 인기를 얻고 있는 네이버 블로그가 가장 많이 노출되는 공간이 바로 VIEW 영역이다. VIEW 영역에는 블로그와 카페, 이렇게 두가지 콘텐츠가 혼합되어 노출된다. 과거에는 PC와 모바일의 검색 결과가 달랐다. PC에는 블로그와 카페가 분리되어 노출된 반면, 모바일은 한정된 공간이기에 블로그, 카페, 지식인 등이 혼합 노출됐다. 하지만 시간이 흐르며 모바일의 노출량이 월등히 높아지자 모바일 환경에 익숙해진 고객들을 위해 PC 검색 환경을 그와 동일하게 구성하게 되었다. 그런데 카페에 비해 상대적으로 게시물의 양이 많고 이미지가 포함된 경우가 많은 블로그가 더 잘 노출된다. 또한 블로그는 네이버 플레이스 결과에도 함께 노출되어서 인기의 지표처럼 보이기도 한다.

서비스나 제품에 감동한 고객이 자발적으로 블로그에 리뷰를 작성히는 경우도 있겠지만, 이제는 간단한 리뷰는 SNS에 올리는 추세로 이전처럼 장문의 리뷰는 보기 드물다. 그래서 블로그 리뷰가 필요하다면 체험단 형식으로 블로그 리뷰 마케팅을 하는 경우가 많다. 하지만 모든 결과를 체험단으로 채우는 것은 어려우니 직접 블로그를 운영하며 고객과의 소통을 통해 브랜드 인지도를 쌓는 것을 추천한다.

네이버 검색 결과 노출 순서는 키워드에 따라 변한다. 네이버 검색

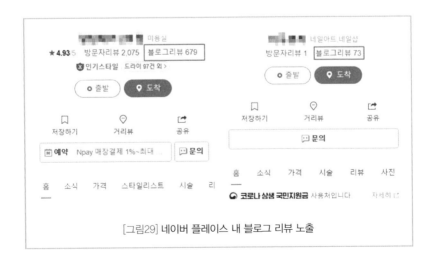

[그림29] 네이버 플레이스 내 블로그 리뷰 노출

AI가 사용자에 맞춰 가장 많이 보는 영역을 먼저 보여주는 형태라고 생각하면 된다. 그래서 키워드에 따라 VIEW 영역이 먼저 노출될 수도 있고 플레이스가 먼저 노출될 수도 있다. 때문에 어떤 키워드를 공략할 것인지 정해야 한다. 체험단을 진행할 때도 마찬가지이다. 체험단을 뽑아놓기만 하면 알아서 잘해 주겠지라고 생각하면 안 된다. 체험단에게도 노출 키워드를 정확히 알려주어야 한다.

그럼 검색어, 즉 키워드는 어떻게 찾아야 할까? 가장 간단한 방법은 연관 검색어를 찾는 것이다. 하지만 언제부턴가 네이버에서 연관 검색어가 잘 안 보이지 않게 됐다. 아주 사라진 것은 아니고 검색창 하단에 있다. 과거에는 검색 결과가 마음에 들지 않으면 연관 검색어를 통해 다른 검색 결과를 찾을 수 있었다. 하지만 누군가가 자신의 이득을 위해 네이버의 트래픽을 조작한 뒤로는 지금의 형태에 이르게 됐다. 하지만 모든 검색어에 연관 검색어가 노출되는 것은 아니다.

만약 연관 검색어를 찾을 수 없거나 어떤 검색어의 조회 수가 더

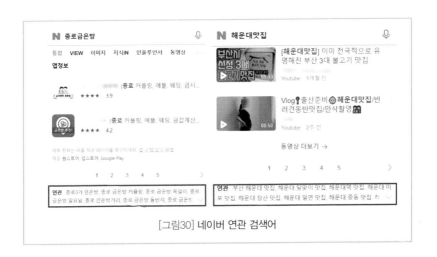

[그림30] 네이버 연관 검색어

높은지 알고 싶다면 '네이버 광고 시스템'의 키워드 도구를 통해서 좀 더 자세히 알아볼 수 있다.

키워드 도구에 접속했다면 궁금한 검색어를 찾아보자. 그럼 연관 검색어 조회 결과뿐만 아니라 내가 검색한 키워드 외에 다양한 연관 검색어의 월간 검색 수를 알아볼 수 있다. (월간 검색 수는 최근 한 달간의 검색 수로 월평균 검색 수와는 다르다.)

연관 키워드의 월간 조회 수를 확인했다면 이제 주력할 키워드를 정해야 한다. 조회 수가 높은 키워드가 무조건 좋은 것은 아니다. 조회 수가 높은 만큼 VIEW 영역에 노출되기 위한 경쟁이 치열할 수밖

[그림31] 키워드 도구 접속 방법

참고

월간 클릭 수, 월평균 클릭 수는 네이버 파워링크 광고를 할 때의 예상 수치이다.

[그림32] 키워드 도구 연관 검색어 검색 결과

에 없다. 내가 추천하는 방법은 조회 수가 적당한 키워드를 몇 개 골라 나의 주력 키워드로 삼는 것이다. 이를 소위 '세부 키워드 전략'이라고 부른다.

그다음 블로그 글을 작성하고 노출이 잘 되는지 파악하여 해당 키워드를 계속 사용할지 말지 결정한다. 아무리 잘 쓴 글이라도 노출되지 않으면 의미 없다. 참고로 네이버 블로그를 처음 만들었다면 2개월 정도는 꾸준하게 포스팅해야 방문자가 소폭 상승한다. 그러니 조바심 낼 필요 없다.

다음으로 한 주에 해당 키워드로 포스팅되는 것이 몇 건인지 파악해야 한다. 월간 조회 수는 100건 이하인데 포스팅 건수만 많은 키워드도 더러 있는데 이런 키워드는 피하는 것이 좋다.

핵심 요약

① 포스팅 일정을 정하자.
  초반에는 주 1~2회 정도 업로드하는 것으로 시작하는 것이 좋다.
② 월간 주제를 정하자.
  내 사업과 관련된 주제와 일과 직접적인 연관도가 조금 떨어지는 주제로 나누어 작성하는 것이 좋다.
③ 키워드를 정하자.
  메인 키워드와 세부 키워드를 나누자. 이후 세부 키워드 중에서도 집중해야 할 키워드를 정하자.
④ 블로그 포스트를 작성하자.
⑤ 노출 순위를 파악하자.
  키워드와 직접적인 연관도가 떨어지는 포스팅은 순위를 파악하지 않아도 된다.
⑥ 블로그 이웃 수를 늘리자.

😀 블로그 글 작성, 절대 어렵지 않다

준비는 끝났다. 장문의 글짓기를 필요로 하는 것이 아니니 너무 걱정할 필요는 없다. 한 달에 많게는 8개, 적게는 4개의 글을 포스팅해야 하는데 일정한 주기로 포스팅해야 블로그 지수가 올라 글 노출이 더욱 잘 된다. 그러니 다른 것보다도 꾸준함이 중요하다. 포스팅 시 주의할 점이 한 가지 있는데 절대 워드나 한글 프로그램에 미리 적어둔 글을 복사해서 붙여선 안된다. 네이버 AI가 다른 곳에서 복사해 온 작성한 글로 오인해 블로그 지수에 좋지 않은 영향을 끼칠 수도 있기 때문이다. 그러니 블로그에 직접 타이핑하도록 하고 만약 다 쓰지 못해 다음에 이어쓰고 싶다면 임시 저장해 두는 방법을 추천한다.

자, 이제 포스팅을 위해 컴퓨터 앞에 앉아보자. 어떻게 시작할까? 먼저 종이에 주제를 적고 그에 맞추어 어떤 글을 쓸지 대략 구성해 보자. 요리할 때 레시피를 간단히 적어두듯 미리 키포인트를 정리해 두는 것이다. 다음으로 어떤 이미지를 넣을지 생각해 보자. 필요에 따라 사진을 찍기도 하고, 만약 원하는 이미지를 직접 찍을 수 없다면 네이버에서 제공하는 무료 이미지를 사용해도 좋다. 그리고 제목을 정해야 한다. 제목은 주제와도 맞아야 하지만, 미리 정해둔 키워드를 포함하는 것도 중요하다. 제목이 노출 결과를 결정짓는다고 해도 과언이 아니다. 당연히 본문에도 키워드를 포함해야 노출이 잘 되겠지만, 제목의 키워드 노출 여부가 더 큰 영향을 주는 것이 사실이다.

본격적인 본문 작성 방법을 알려주기 전, 노출 후 클릭으로 연결하는 데 중요하게 작용하는 요소는 무엇인지 살펴볼까 한다.

예시로 '일산 과외'라는 키워드를 검색해 임의로 블로그 게시글을 하나씩 골라 보았다. 사람들은 자신이 찾고자 하는 내용이 포함되어 있어야만 게시물을 클릭하는 수고를 들인다. 가장 먼저 눈길이 가는 곳은 이미지다. 다음으로는 제목을 보고 클릭할지 말지 결정한다. 그렇다고 이미지나 제목을 낚시성으로 만들지는 말자. 클릭 후 몇 초 만에 나가 버리면 아무 소용이 없다. 게다가 AI가 해당 키워드와 포스팅의 연관도가 떨어진다고 판단해 노출이 더 안 될 수도 있다. 그림33

을 보자. 내용을 알아볼 수 없는 아래쪽 블로그보다는 위쪽 블로그의 이미지가 확실히 눈에 띈다. 당연히 조회 수도 위쪽 블로그가 높을 것이다.

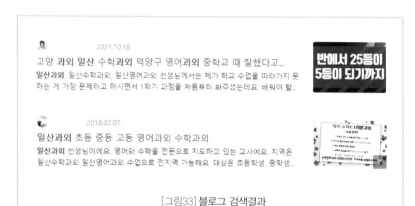

[그림33] 블로그 검색결과

다음으로 본문 작성 단계로 넘어가보자. 최신 블로그 가이드나 작성 요령을 알고 싶다면 네이버에서 운영하는 블로그를 참고해보길 바란다(네이버 블로그팀 블로그: https://blog.naver.com/blogpeople).

이번 장에서는 블로그를 운영하며 놓치지 말아야 할 핵심 사항과 간단한 블로그 작성 요령을 알려주고자 한다. 여러 번 반복해서 얘기하지만, 블로그를 처음부터 끝까지 정독하는 사람은 매우 드물다. 대다수의 방문자들은 이미지와 핵심 텍스트만 훑어본다. 블로그를 처음 운영해 보거나 글쓰기에 자신이 없다면 본문을 이미지 위주로 구성하고 짧게나마 내용을 적자.

그림33을 보면 알 수 있듯, 눈에 띄기 위해서는 대표 이미지를 잘

만들어야 한다. 대표 이미지란 검색 결과에 노출되는 이미지를 말한다. 요즘은 스마트폰 촬영 기능이 워낙 좋으니 휴대폰으로 직접 찍은 사진도 블로그에 올리기에 충분하다. 이미지를 업로드한 후 블로그의 '이미지 편집기'를 이용하여 이미지를 수정할 수 있다.

> **참고**
>
> 블로그 글을 작성할 때는 네이버의 '스마트에디터'를 활용하면 편리하다.

별도의 이미지가 없다면 네이버에서 제공하는 무료 이미지를 이용하자. 그림34에서 확인할 수 있듯 작성 화면 상단의 글감을 클릭하면 이미지를 검색해 사용할 수 있다. 이미지를 블로그에 붙였다면 다음으로 이미지를 더블클릭해 보자. 그럼 이미지 편집기로 이동해 이미지 위에 글을 쓸 수도 있고, 이미지 사이즈를 줄이거나 원하는 만큼 잘라낼 수도 있다.

[그림34] 블로그 무료 이미지 사용하기

[그림35] 블로그 이미지 편집기

이미지 편집도 완료하고, 글도 다 작성했다면 마지막으로 글을 발행해야 한다. 글을 발행하기 전에는 상단 메뉴에서 맞춤법 체크를 꼭 하자. 그리고 지도, 예약페이지 링크, 홈페이지 링크를 넣어서 고객들의 다음 액션을 유도하는 것도 중요하다.

😊 글 발행 후에는 꼭 통계 분석을 확인하자

포스트를 발행하자마자 통계를 확인할 필요는 없지만, 아마 결과물이 점점 궁금해질 것이다. 얼마나 많은 사람들이 내 글을 보았을까? 방문자 수가 중요한 것이 아니다. 시간이 지나 글이 점점 쌓이면 방문자 수도 늘기 마련이다. 그보다는 어떤 검색어로 내 블로그에 방문했는지, 어떤 링크를 통해 왔는지, 어떤 글이 인기있는지를 알아야 다음 포스팅을 준비할 수 있다.

이런 부분은 블로그의 통계 기능을 통해서 확인할 수 있다. 블로그 뿐만 아니라 인스타그램, 유튜브도 통계를 보고 분석해야 한다. 이 과정은 채 5분도 걸리지 않는다. 그러니 포스팅 후 잠깐이라도 시간을 내서 통계를 확인하자.

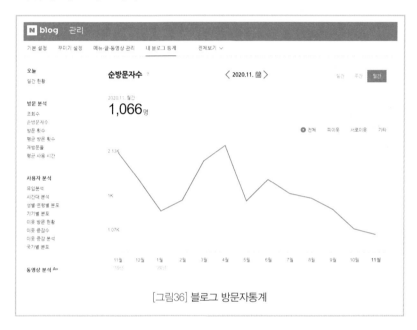

[그림36] 블로그 방문자통계

인스타그램

최근 인스타그램에서는 릴스 콘텐츠가 늘어나는 추세이지만, 기본적으로 인스타그램은 사진을 찍어 게시물을 올리는 플랫폼이다. 사진 1장이면 게시물 작성이 가능해 블로그나 유튜브에 비해서 손쉽게 운영 가능하다는 장점이 있다.

또 인스타그램은 20~30대 여성 사용자가 많고, 사용자간 소통도 가장 원활하기 때문에 굉장히 매력적인 채널이다. 하지만 인스타그램은 블로그나 유튜브에 비해 노출이 쉬운 편은 아니다. 블로그나 유튜브는 검색 사이트에 노출되기 때문에 이웃 수나 구독자 수를 늘리는데 주력하지 않아도 어느 정도 유입이 있는 반면, 인스타그램은 해시태그(#)를 달아 게시물을 올려도 인기 게시물이 되지 않는 이상 상대적으로 방문자가 적을 수밖에 없다. 때문에 인스타그램을 운영하려면 팔로워를 늘릴 방법도 생각해 봐야 한다. 그러니 우선 매장에 오는 고객들을 대상으로 이벤트를 하고 추가로 광고도 실행해 팔로워 수를 늘리는 방법을 추천한다.

☺ 인스타그램 시작해 볼까요?

인스타그램 계정을 처음 만든다면 기존 페이스북 계정을 연동해서 사용하는 것을 권장한다. 인스타그램은 페이스북과 같은 회사에서 운영하고 있을 뿐만 아니라 인스타그램 광고 기능을 사용하기 위해서는 페이스북 광고 계정이 필요하다. 이외에도 다양한 기능을 사용하기 위해 연동이 필요하므로 페이스북 계정으로 인스타그램을 시작하는 것이 여러모로 유리하다.

만약 인스타그램을 이미 사용하고 있다면 개인 계정의 게시물을 전부 지우고 매장용 계정으로 활용하기에는 아까울 것이다. 그러니 지금부터 신규 계정 만드는 방법을 알려드리도록 하겠다.

☺ 인스타그램 신규 계정 만들기

먼저 그림37처럼 인스타그램 프로필 화면 오른쪽 상단에서 ☰를 클릭한다. 다음으로 설정을 클릭하고 계정 추가 또는 전환을 클릭한다.

그림38에서 보이는 바와 같이 계정 추가를 클릭한 뒤, 사용자 이름 선택에서 로그인 정보를 추가하면 된다. 이름은 반드시 영어로 작성해야 한다. 가입 완료하기 버튼을 클릭하면 새로운 계정이 생성된다.

신규 계정을 만들었다면 프로필 이미지를 등록하고 프로필 내용을 편집해야 한다. 여기서 주의해야 할 점이 있다. 프로필을 여러 번 수

[그림37] 인스타그램 신규 계정 추가하는 방법 ①

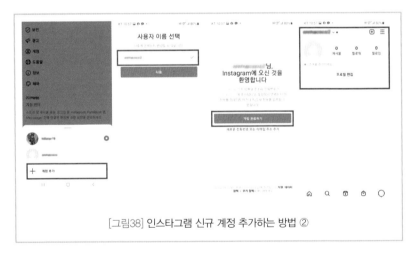

[그림38] 인스타그램 신규 계정 추가하는 방법 ②

정하지 마라. 프로필을 두 번 수정하면 14일 이후에나 변경 가능하다.
절대로 실수하지 말자.

프로필 작성 요령

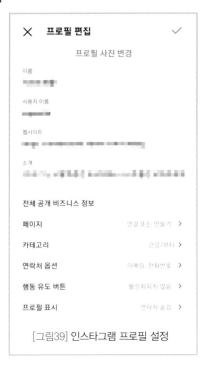

[그림39] 인스타그램 프로필 설정

- **이름**: 이름에는 매장명을 적자.
- **사용자 이름**: 이는 아이디를 뜻한다. 영문으로 적어야 하며 내 사업과 관련 있는 단어를 활용해야 태그하기도 쉽고 인스타그램 주소에 사용하기에도 좋다.
  예시: https://www.instagram.com/onmacoco/
  (빨간색으로 표시한 부분이 사용자 이름이다.)
- **웹사이트**: 필수사항은 아니지만 홈페이지나 블로그를 운영하고 있다면 이곳에 링크를 추가하자.
- **소개**: 매장 소개글을 작성하자.
- **전체 공개 비즈니스 정보**: 노출 정보 설정 기능이다. 이는 프로페셔널 계정에서만 활성화된다.

☺ 비즈니스에 적합한 인스타그램 프로페셔널 계정

사업용 계정이라면 비즈니스에 적합한 프로페셔널 계정으로 변경하는 것이 좋다. 프로페셔널 계정은 개인 계정과 어떤 점이 다를까? 먼저 프로필에서 업종(카테고리), 전화번호 등 비즈니스 정보를 노출할 수 있다. 그리고 광고 홍보 기능이 활성화된다. 물론 광고를 하려면 광고비가 필요하다. 하지만 간단하게 몇 가지 설정만 수정하면 손쉽게 주변 사용자들에게 매장을 홍보할 수 있다. 뿐만 아니라 인사이트를 볼 수 있다. 사실 이 부분이 가장 큰 메리트라고 할 수 있다. 방

[그림40] 인스타그램 프로페셔널 계정 인사이트

문자 수, 방문자의 성별, 연령대 등을 확인할 수 있을 뿐만 아니라 게시물이 얼마나 많은 사람들에게 노출되었는지 그 통계도 확인할 수 있다. 즉 인사이트를 통해서 게시물과 광고의 반응을 확인할 수 있다. 때문에 콘텐츠 방향이나 타깃팅이 잘되고 있는지 등을 확인하여 운영 방향을 정할 수 있다. 마지막으로 페이스북 게시물 공유를 할 수 있다. 페이스북의 이용자 수가 많이 줄어들었지만, 여전히 고객은 존재한다. 소수의 고객을 위해서 별도의 게시물을 만들 수는 없으니 프로페셔널 계정을 활용해 인스타그램의 게시물을 페이스북에 그대로 공유하자.

비즈니스 계정으로 변경하는 방법은 어렵지 않다. 설정→ 계정→ 프로페셔널 계정으로 전환 순으로 진행하면 된다. 다음으로 카테고리를 설정하고 순서대로 진행하면 되는데, 그림41와 같이 비즈니스와 크리에이터 중 하나를 선택해야 한다. 비즈니스 계정과 크리에이터 계

[그림41] 인스타그램 프로페셔널 계정 전환 방법

정의 기능 차이는 거의 없다. 다만 카테고리 노출 시 비즈니스는 업종을, 크리에이터에서는 직업을 표시한다. 또 비즈니스 계정은 차후 광고를 게재할 수도 있으니 좀 더 상세한 인사이트 정보를 제공해 준다.

☻ 인스타그램 운영 팁 ①해시태그를 잘 선택하자

인스타그램에서 가장 중요한 것이 바로 해시태그다. 해시태그는 소통을 위한 첫 번째 단계라고 할 수 있다. 이는 등록한 게시물을 더 많은 이들에게 노출시키기 위해 필요한 것이다.

> **참고**
>
> 해시태그(hashtag, #)는 해시(hash) 기호를 사용해 게시물에 꼬리표(tag)를 붙인다는 뜻이다. 게시물의 분류와 검색을 용이하게 만든 일종의 메타데이터 태그로 인스타그램, 트위터, 블로그, 페이스북과 같은 SNS에서 많이 이용된다. 사용할 때는 해시 기호(#) 뒤에 올 문구를 띄어쓰기 없이 써야 한다.

최근 인스타그램의 릴스가 대단한 성장세를 보이고 있긴 하지만, 기본적으로 인스타그램은 이미지 위주의 SNS다. 하지만 제아무리 뛰어난 AI라도 이미지만 보고 이것이 어떤 게시물인지 제대로 판별할 수는 없다. 때문에 해시태그를 사용하여 내 게시물이 어떤 키워드와 관련 있는지 보여주는 것이다.

해시태그를 사용할 때는 기본적으로 게시물의 내용과 해시태그가 관련 있어야 하고 사람들이 많이 이용하는 해시태그여야 한다. 그래야 다른 사람들이 꼬리에 꼬리를 물고 내 게시물까지 방문하게 된다.

[그림42] 인스타그램 해시태그 예시

하지만 사용량이 너무 많은 해시태그를 사용하면 최근 게시물 상
단에 얼마 머무르지 못하고 밀려나게 된다. 그보다는 블로그 파트에
서 배운 키워드 선정 방법을 참고해 경쟁이 덜 치열한 해시태그를 사
용하는 것을 추천한다. 유감스럽게도 인스타그램에는 해시태그 조회
수를 확인할 방법이 없다. 만약 필요하다면 1장에서 소개한 미디언스
해시태그 분석을 이용해 매장에서 주요 사용할 해시태그를 분석해
보는 것도 좋은 방법이다.

😊 인스타그램 운영 팁 ②릴스를 활용하자

게시물을 올리는 것은 어려운 일이 아니다. 때문에 요즘은 하루에
등록되는 SNS 게시물 수가 너무 나도 많아 인기 게시물에 올라가거

나 유저들의 관심을 끌기 힘들다. 지금은 영상물의 시대다. 틱톡이 숏폼으로 화제가 되자 인스타그램도 숏폼 콘텐츠를 업로드할 수 있도록 '릴스'를 만들었다. 여기에 유튜브까지 가세해 쇼츠를 만들며 숏폼이 대세 콘텐츠로 자리매김하고 있다. 틱톡을 통해서 콘텐츠를 만들던 인플루언서들도 인스타그램 릴스를 통해 이용하기 시작해 릴스의 점점 인기가 높아지고 있다.

최근에는 기업들도 릴스를 이용하기 시작했다. 고정된 이미지보다는 영상을 활용하는 것이 고객 입장에서도 더 재미있고 생동감 있게 느껴진다. 게다가 영상에는 음악도 첨가할 수 있다. 별도로 음악을 만들어 사용하는 것이 아니라 릴스에서 제공하는 국내외 유명 음악을 사용하는 것이다. 다만 비즈니스 계정에는 음악 사용에 제약이 있으니 다양한 음악을 사용하고 싶다면 크리에이터 계정으로 변경해 이용해야 한다.

만약 음식점이라면 음식 조리 과정을 15초 정도 길이로 편집해 올려도 괜찮을 것이다. 그밖에 네일숍이나 미용실, 키즈카페, 애견미용실 등에서 매장 소개 영상을 짧게 찍어 올리는 것도 좋은 홍보 방법이 될 수 있다. 학원에서는 수업하는 모습을 짧게 올릴 수도 있다. 의류 매장에서는 제품을 소개하는 콘텐츠를 제작하는 것도 추천한다.

꼭 1분이 넘는 영상을 만들어야 한다면 부담이 되겠지만, 10~20초 정도에 불과한 숏폼 콘텐츠는 조금만 시간을 들여도 완성할 수 있어 부담이 적다. 이런 숏폼 콘텐츠는 아이디어만 좋다면 좋은 반응을 얻을 수 있으니 꼭 한 번씩 시도해 보기를 바란다.

[그림43] 인스타그램 릴스를 활용하는 기업들

😀 인스타그램 운영 팁 ③팔로워 늘리기

어쩌면 가장 어려운 부분이 팔로워 늘리기다. 전문적으로 인스타그램을 운영하는 대행사에서도 팔로워 수 늘리는 방법을 고민한다. 사람들은 어떤 이유로 브랜드 계정을 팔로우할까? 트렌드나 신제품 출시 소식, 이벤트 소식 등을 확인하기 위해서, 또는 특정 정보를 얻기 위해 탐색하다가 원하는 내용을 담고 있는 계정을 팔로우한다.

사람들이 매 순간 고민하는 '오늘 저녁은 뭘 먹지?', '데이트는 어디에서 할까?', '오늘은 어떤 스타일로 외출할까?', '살을 좀 빼야 하는데 좋은 방법 없나?' 등에 답을 제시해 주는 콘텐츠를 양성할 수 있는 매장이라면 팔로워 모으기가 그나마 수월하다. 하지만 '결혼식 장소는 어디로 할까?', '돌잔치 장소는 어디가 좋을까?' 등은 문제가 해결된 뒤에는 더 이상 관심이 없어진다. 그래서 팔로우를 취소할 확률이 크고, 콘텐츠를 올려도 큰 반응이 없다. 이와 같은 문제를 가진 업종이라면 팔로워 수에 목매지 말고, 차라리 검색 시 노출이 잘되는 해시태그를 지정해 꾸준하게 콘텐츠를 올리는 것이 나을 수도 있다.

그리고 오프라인 매장 중심 사업이라면 지역적인 한계가 있기 때문에 팔로워 수를 늘리는 것이 어려울 수밖에 없다. 그러니 팔로워 수에 너무 스트레스 받지 말고 꾸준하게 활동하는 것을 추천한다. 절대 불법적인 곳에 의뢰해 팔로워를 늘리거나 리워드 광고를 사용하지는 말자. 이런 방식으로 팔로워를 얻어 봐야 차후에 써먹지도 못하고, 오히려 내 계정을 망치는 일이 될 수 있다.

팔로워를 늘리기 위해 먼저 고객들을 팔로우하자. 평소 내 가게에 관심 있던 고객이라면 맞팔로우를 해 줄 것이다. 또 고객의 게시글에 댓글을 달아보자. 아무 말 없이 팔로우하는 것보다 댓글을 달아서 친근감을 표현하는 편이 더 자연스럽고 효과적이다. 매장 이벤트를 하는 것도 좋은 홍보 방법이다. 팔로워 수도 늘릴 수 있고, 고객 반응도 이끌어낼 수 있다.

이벤트 문구 예시

-**팔로우 이벤트**: 매장 계정을 팔로우하시면 사은품을 드려요.
-**댓글 이벤트**: 퀴즈나 삼행시 등으로 댓글을 유도해 보자.
-**리그램 이벤트**: 저희 게시물을 리그램해 주시면 추첨을 통해 매장 이용권을 드립니다.

어떤 이벤트를 할지 고민된다면 '#인스타그램이벤트'를 검색해 보면 수많은 이벤트를 확인할 수 있으니 이 중 마음에 드는 것을 벤치마킹해 보자.

☺ 인스타그램 운영 팁 ④ 광고 게시

인스타그램도 수익 창출을 하는 기업이다. 인스타그램에서 지역을 설정해 광고하면 지역 고객들에게 많이 노출할 수 있을 뿐더러 팔로워 늘리기에도 가장 적합하다. 불법적인 팔로워 수 늘리기 프로모션을 구매해도 돈이 필요한 것은 마찬가지이다. 차라리 그 돈으로 인스타그램 광고를 게시하는편이 낫다. (광고 세팅 방법은 〈7장. 온라인 광고 Part 2〉에서 설명하도록 하겠다.)

사진을 어떻게 찍을지, 어떤 영상을 만들지 고민하지 말고, 유익한 정보를 어떻게 전달할 것인지에 초점을 두어야 한다. 광고는 하다 보면 실력이 늘고, 점차 어떤 방향으로 광고 활동을 해야 할지 방법을 알게 될 것이다.

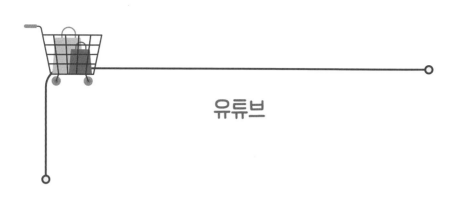

유튜브

유튜브는 현재 가장 이용자가 많은 채널이라고 해도 과언이 아니다. 네이버보다도 이용자가 더 많고 고객들이 머무는 시간도 가장 길다. 이는 굳이 이야기하지 않아도 누구나 알고 있는 사실일 것이다. 그런데 작은 사업을 운영하면서 유튜브까지 운영해야 하는 건지 고민이 많이 될 것이다.

유튜브를 해야 하는 이유에는 여러 가지가 있지만 무엇보다 앞서 얘기한 것처럼 이용자가 많은 것이 포인트이다. 우리의 뇌는 다양한 방법으로 기억을 저장하는데 텍스트보다는 이미지를 더 잘 기억한다. 그리고 이미지보다는 다양한 감각으로 체험한 것을 더 잘 기억한다. 영상을 통해 소리와 이미지를 같이 접하면 텍스트와 이미지만 보는 것보다 훨씬 더 기억에 잘 남는다. 즉 영상 콘텐츠는 다른 콘텐츠에 비해 더 오래 기억에 남으므로 제품이나 서비스 홍보에 효과적이다.

온라인 쇼핑몰을 두고 굳이 오프라인에서 쇼핑하는 이유는 무엇인가? 직접 상품을 체험하고 확인하기 위해서이다. 체험은 구매 의사에 큰 영향을 끼친다. 그런데 코로나19로 인해 일상생활이 많이 바뀌면서 직접 체험의 기회도 줄었다. 그것을 대신하는 것이 바로 간접 체험이다. 홈쇼핑이 잘 되는 이유는 무엇일까? 바로 쇼호스트가 대신 체험하고 경험한 바를 알려주기 때문이다. 물론 블로그에서 체험 후기를 읽는 것으로 같은 체험을 할 수 있지만, 영상 매체에 비해 생동감이 떨어질뿐더러 텍스트나 이미지로는 전달되지 않는 부분도 분명 존재하므로 그런 부분을 홈쇼핑 영상으로 채우는 것이다.

아이를 학원에 보내려는 학부모는 학원 선생님의 실력은 어느 정도인지, 교재는 무엇을 사용하는지, 어떤 방식으로 아이들을 가르치는지 알고 싶을 것이다. 이렇게 궁금한 점을 중점으로 검색해 여러 학원의 조건을 비교해 보자. 그런데 한 학원이 실제 수업 영상을 유튜브에 올려두었다면 학부모는 그 영상으로 수업을 간접경험하고 그로 인해 궁금증이 해소되어 다른 학원보다 긍정적으로 여기고 학원에 상담을 신청할 수도 있다.

학원뿐 아니라 채소 가게, 정육점, 수산물 판매점, 미용실, 피부관리실, 필라테스 학원, 병원 등에서도 영상을 활용해 마케팅할 방법은 무궁무진하다. 예를 들면 채소 가게나 수산물 판매점에서는 얼마나 신선한 제품을 판매하고 있는가를 강조하거나 매장의 위생적인 모습을 고객에게 전달할 수 있다. 제과점이라면 빵 만드는 과정을 영상으로 담아내는 방법도 있다.

지금 이 책에서는 유튜브 채널을 통해 마케팅을 해 보자고 권유하는 것이지, 여러분에게 유명 유튜버가 되라는 것은 아니다. 사업을 더 키워 나아가기 위해서 동영상 콘텐츠를 적극적으로 활용하라는 것이다.

[그림44] 유튜브를 활용한 비즈니스 사례

🙂 브랜드 채널 신규 생성하기

유튜브는 구글의 플랫폼이다. 때문에 구글 메일 계정을 가지고 있다면 누구나 유튜브 채널을 생성할 수 있다. 유튜브 아이디를 가지고 있다면 자동적으로 개인 채널을 갖게 된다. 하지만 우리에게 필요한 것은 비즈니스를 위한 브랜드 계정이다.

간단하게 유튜브 브랜드 채널 꾸리는 방법을 설명하겠다. 먼저 유튜브에 접속해 상단에 있는 프로필 사진을 클릭한다. 그다음 계정 전환을 클릭한 후 모든 채널 보기를 클릭한다. 채널 만들기를 클릭하고 채널 이름을 작성해 새로운 채널을 생성한다. 이후 나머지 세세한 정보를 등록하고 유튜브 채널 아트를 만들어 설정하면 끝이다.

[그림45] 유튜브 브랜드 채널 만들기

[그림46] 유튜브 브랜드 채널 만들기

 비즈니스를 위한 동영상 만들기, 7가지 노하우 공개

짧은 영상 여러 편과 긴 영상 한 편, 이 중 어느 것이 더 좋을까요?

앞서 이야기했듯 우리가 유튜브 채널을 만드는 이유는 유명 유튜버가 되기 위해서가 아니다. 그러니 긴 영상을 만들 생각은 하지 말자. 우선은 스마트폰과 편집 애플리케이션으로 간단한 동영상을 여러 편 만드는 것을 추천한다. 요즘은 긴 영상을 잘 보지 않으니 고객 유입을 목적으로 한다면 영상 길이가 3분이 넘지 않도록 하는 것을 추천한다. 짧고 임팩트만 있으면 된다. 광고 영상들도 마찬가지다. 유튜브 초기만 해도 3분이 넘어가는 긴 영상 광고가 많았지만, 최근에는 30초 이하 심지어 15초, 6초 정도로 점점 영상 길이는 짧아지고 핵심만 보여주는 트렌드로 변화하고 있다.

짧은 영상(1~3분 내외)의 장점은 바로 영상마다 다양한 키워드를 사용할 수 있어 긴 영상을 한 편 만드는 것보다 여러 키워드 검색 결과에서 노출될 가능성이 있다는 것이다. 이는 유튜브뿐만 아니라 구글이나 네이버에서도 검색된다. 또 '고객들이 좋아해 주겠지'라는 생각으로 만들었는데 반응이 싸늘하면 힘이 빠질 수밖에 없다. 때문에 사람들이 어떤 영상을 좋아하는지 파악하기 위해 짧게 여러 편을 만들어서 테스트해 보는 것이 낫다.

요즘은 유튜브에서 원하는 영상을 직접 검색해 찾아보기보다는 AI가 추천해 주는 것 위주로 보는 경우가 많다. 유튜브 영상 알고리즘은 공개되지 않았기 때문에 정확히 파악할 수는 없지만, 영상을 클릭하는 비중과 동영상 재생 진행률이 매우 중요하다는 것은 많이 알려진 사실이다. 재생 진행률 측면에서 볼 때, 10분 영상에서 평균 재생 진행률이 30퍼센트(3분)인 영상보다는 5분 영상에서 평균 재생 진행률이 60퍼센트(3분)인 영상이 더 잘 추천된다. 즉 중간에 이탈하지 않고 얼마나 오래 보았느냐가 유튜브 알고리즘에서 좋은 영상으로 파악되기에 좀 더 상위 노출이 될 수 있다.

😊 어떤 영상을 만들어야 할까?

도대체 어떤 영상을 만들어야 할까? 3분 이하의 영상을 만들어야 하니 많은 주제를 담을 수는 없다. 그러니 한 편에는 한 가지 주제만 담아 만들자.

참고

유튜브 영상 주제 추천

-매장 소개 영상
-타 매장과의 차별점 설명
-매장 전경과 인테리어 소개
-창업 히스토리
-사장님의 운영 철학
-직원 소개
-매장에서 취급하는 상품과 서비스 소개
-고객 인터뷰 영상
-사업 운영 노하우: 머릿결 관리법, 코디 잘하는 방법, 요리 비법 등
-Q&A

😊 첫 5초가 중요하다

누군가를 처음 만나 그 사람을 판단하는 데 필요한 시간은 불과 3초라고 한다. 마찬가지로 사람들은 영상을 볼 때 초반 5초를 보고 이

영상을 더 볼지 말지 판단한다. 그러니 주저리주저리 떠들면서 시간을 끌면 안 된다. 거두절미하게 어떤 영상인지 요약 설명하거나 결론, 핵심 메시지부터 던져야 한다. 그다음 인사하고 진행해도 늦지 않다. 드라마가 끝날 무렵 나오는 예고편을 생각해 보면 이해가 쉽다. 예고편은 다음 편이 궁금해지도록 가장 강력한 한 장면을 보여준다. 그러니 영상을 만들 때에는 초반 5초 안에 시청자를 사로잡아야 '짧으니까 한 번 볼까?'라는 생각을 갖게 할 수 있다.

☺ 노하우를 아끼지 말고 비슷한 주제의 영상을 최대한 많이 만들자

〈서민갑부〉라는 TV 프로그램은 출연한 이들의 성공 스토리를 소개하고 그들만의 성공 노하우를 공개한다. 시청자들은 그들이 어떻게 성공했는지 보면서 재미와 감동을 느낀다. 나만의 노하우를 가르쳐주면 큰일 나는 게 아닐까 걱정되겠지만, 전혀 걱정할 필요 없다. 그렇니 TV에 출연해 소개할 수도 있는 것이다. 요즘은 시청자 수준이 많이 높아져 누구나 아는 상식을 노하우라고 알려주는 것으로는 흥미를 일으키지 못한다. 이 점을 명심하고 어떻게든 영상을 조금이라도 오래 시청하게 만들어 매장에 관심을 가지도록 해야 한다.

사실 영상을 만들다 보면 소재의 한계를 느끼게 될 것이다. 5가지 주제가 있다고 하면 1번 주제부터 다시 다른 방향으로 접근해 보자. 동일한 주제의 영상을 여러 편 만든다고 해서 문제될 것 없다. 아마 여러분이 구독 중인 유튜브 채널을 확인해 봐도 동일한 주제의 영상이 여러 편 있는 것을 확인할 수 있을 것이다. 시간이 지나 바뀐 정보가 있을 수도 있고, 동일한 주제의 영상을 여러 편 올리면 시청자들에게 그 분야의 전문가로 인식된다는 이점도 있다.

😊 영상을 통해 고객의 액션을 이끌어내야 한다

유튜브에서 영상을 마칠 때 '좋아요와 구독 부탁드립니다'라는 멘트로 마무리하는 것을 자주 보았을 것이다. 이런 것을 '콜투액션(Call To Action)'이라고 하는데, 영상을 본 사람들에게 어떤 액션을 요구하는 것을 말한다. 이러한 콜투액션으로 어떤 행동을 촉구할 수 있을까?

'영상을 보신 후 궁금하신 사항이 있다면 하단 링크로 문의 주세요.'
'예약 원하시면 ○○○-○○○○으로 전화 주세요.'
'맛있는 파스타 드시러 오세요.'

영상 말미에 이런 멘트가 없다면 시청한 고객들은 '영상 잘 봤다. 유익한 정보였어' 하고 다른 영상으로 넘어간다. 그러니 꼭 영상 마지막에 콜투액션을 취해야 한다. 이런 행동을 요구할 때 더 빠른 액션을 이끌어내기 위해 적절한 이벤트를 하는 것도 좋은 방안이다.

'이 영상을 보시고 응원 댓글을 달아주신 고객님께는 매장 방문 시 사은품을 드립니다.'

'댓글에 이메일을 남겨주신 고객님께는 쿠폰을 보내드립니다.'

고객 입장에서는 액션 하나로 작은 보상을 받으니 기분이 좋고, 매장 입장에서는 고객을 방문시킬 수 있으니 좋다.

더 많은 노출을 위해 적절한 제목 만들기

네이버, 구글의 검색 결과에도 유튜브 영상이 포함되어 있다. 그런데 검색 시에 AI가 영상을 분석해서 검색 결과를 보여주는 것은 아니다. 제목, 설명글, 태그에 관련 키워드가 포함된 영상을 보여주는 것

```
📛 구독자 105만명
       #인테리어 #아파트

🎉 구독자 감사 이벤트 🎉

참여방법 : 좋아요, 채널 구독, 알림설정 후
가장 마음에 드는 거실 배치를 댓글에 적어주세요.
(ex.1번 그라운드 형 좋아요 꾹!)

혜택 :           포인트 1만원 (총 5명)
투표기간 : 4월 10일 - 4월 16일
당첨자 발표 : 4월 17일 커뮤니티 탭 공지 후 댓글 개별 연락

🔎 이 집에 대한 매거진 더 보기


🔍 영상 속 집꾸미기 정보
```

[그림47] 유튜브 이벤트 예시

이다. 즉 키워드가 없으면 동영상을 찾아내지 못한다. 그러니 제목과 설명란에 검색이 잘 되는 키워드를 꼭 포함해야 한다. 그중에서도 특히 제목이 검색 결과에 더 큰 영향을 끼친다. 그러니 제목을 재미있게 만들 것이 아니라 검색 결과에 노출되게 지어야 한다.

유튜브에서 많이 조회되는 키워드는 무엇일까? 안타깝게도 유튜브는 키워드 조회 수를 제공하지 않는다. 대신 구글 검색 수는 구글애드워즈를 통해서 알 수 있는데 앞서 블로그 파트에서 알려준 키워드 도구를 통해서 검색량이 많은 키워드를 활용해도 된다.

유튜브 내의 예상 검색어를 활용하는 것도 하나의 방법이다. 대표 키워드를 입력하면 그에 따른 다양한 키워드를 확인해 볼 수 있다. 이렇게 확인한 키워드로 제목을 지을 때에는 가능한 한 대표 키워드를 제목 앞쪽에 배치해 키워드와 연관도가 높음을 암시해야 한다. 그래

[그림48] 유튜브 예상 검색어

야 상위 노출이 될 가능성이 높아진다.

다시 한 번 강조하지만 유튜브 검색 노출을 위해 제목과 설명란, 태그에 키워드 넣는 것을 잊지 말자.

😊 클릭을 유도하는 섬네일

유튜브에서 노출되더라도 클릭을 해야 의미 있다. 검색 결과에 비슷한 내용의 수많은 영상이 있는데 사람들은 그중에서 눈에 띄는 섬네일을 탐색하고 내가 찾는 영상이 맞는지 제목을 확인한다.

그림49를 보자. 3개의 영상 중에서 어떤 영상이 가장 눈에 띄는지 말하지 않아도 알 것이다. 이처럼 눈길이 가는 섬네일 이미지에 카피를 잘 구상해야 한다. 그렇다고 너무 과장하거나 영상에 없는 내용을 카피로 사용해서는 안 된다. 그런 행위는 오히려 신뢰도만 떨어뜨린다.

포토샵을 이용해 섬네일을 만들 수 있으면 좋겠지만, 나는 포토샵이 능숙하지 않아 '미리캔버스(https://www.miricanvas.com/)'를 사용하곤 한다. 미리캔버스는 회원가입만 하면 유튜브 섬네일, 인스타그램 게시물, 카드뉴스, 블로그 등의 템플릿을 무료로 이용할 수 있다.

[그림49] 눈에 띄는 섬네일

아무리 노력해서 만든 영상이라도 사람들이 조회하지 않으면 물거품이 된다. 전광판이 아무리 좋은 위치에 있어도 고객들의 눈길을 끌지 못하면 효과가 없는 것과 마찬가지다. 유튜브에서는 섬네일이 바로 간판이다. 섬네일은 노출 후 최종적으로 고객을 끌어들이는 수단이니 고심해서 선정해야 할 것이다. 예쁘게 만들려고만 하지 말고 차라리 텍스트가 눈에 띄게 만들어 영상 내용에 대한 궁금증을 유도하

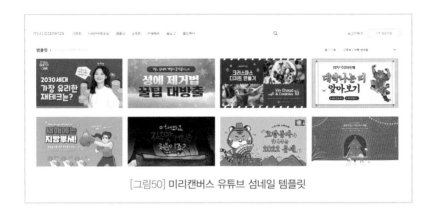

[그림50] 미리캔버스 유튜브 섬네일 템플릿

는 것이 낫다.

　처음부터 모든 채널을 다 활용하려고 하지 말자. SNS 사용에 익숙하더라도 개인적으로 이용하는 것과 비즈니스 용도로 이용하는 것은 천지 차이다. 만약 모든 채널을 운영하려면 그만큼의 인력이 필요하다. 외주 업체에 맡기면 비용이 들어간다. 그러니 매장을 이용할 만한 고객이 많은 채널 중 내가 손쉽게 운영 및 관리 가능한 채널 2개 정도만 활용하는 것을 추천한다. 처음에 하나씩 운영해 보고 익숙해지면 다음 채널을 오픈하면 된다. 채널을 이것저것 만들어 두었다가 관리하지 못한다면 오히려 고객을 실망시킬 수 있다. 오랜 시간 관리하지 못할 거라면 차라리 노출되지 않는 것이 더 낫다.

　SNS 채널의 최고의 고비는 콘텐츠 아이디어다. 블로그, 인스타그램, 유튜브의 콘텐츠를 각각 생각하지 말고 하나의 주제로 작성하자. 그러면 시간도 절약이 될 것이다.

5장

그 외
다양한
홍보
채널

홈페이지를 마련하자

〈4장. SNS 마케팅의 종류와 활용법〉에서는 온라인으로 매장의 소식을 전달하고 고객과 커뮤니케이션할 수 있는 SNS 채널에 대해서 알아보았다. 이번 장에서는 홈페이지, 카카오 채널, 네이버 스마트스토어 및 라이브커머스에 대해 알려드리고자 한다.

☺ 홈페이지는 왜 필요할까?

단순히 사업체 위치와 매장 소식을 알리는 용도에 불과하다면 홈페이지보다는 블로그나 인스타그램, 각 포털에서 제공하는 지도 서비스가 더 나은 방법일지도 모른다. 또 온라인 판매를 필요로 한다면 스마트스토어와 같은 오픈 마켓이 더 편리할 수도 있다.

여러분은 어떤 기업이나 브랜드에 대해 알아볼 때, 제품 정보를 찾아볼 때, 문의 사항이 있을 때 무엇을 찾는가? 블로그, 인스타그램, 유튜브에서 리뷰를 보았더라도 한 번 더 정확히 확인하고 싶을 때는 브랜드 홈페이지를 찾아보게 된다. 때문에 홈페이지를 만들어두면 제품에 대한 신뢰도를 높일 수 있다.

또 SNS 새로운 SNS 플랫폼이 나오면 유저들이 대거 이동한다. 카카오스토리, 트위터, 페이스북을 생각해 보면 잘 알 것이다. 이 SNS들은 국내 사용량이 매우 높았으나 지금은 그때와는 상황이 다르다. 하지만 홈페이지는 유행에 휩쓸리지 않으며 언제나 고객에게 정보를 제공하고 상품을 소개할 수 있다. 24시간 매장인 셈이다. 특히 교육업종이나 병원과 같이 정보 제공과 상담이 필요한 업종이라면 반드시 홈페이지를 구축해 놓는 것이 좋다. 홈페이지에 회원 가입 기능을 만들어두면 회원 관리와 홍보에도 용이하다.

홈페이지를 만들고 유지하려면 SNS와는 달리 비용이 발생한다. 하지만 다행히 무료로 홈페이지를 제작할 수 있는 곳들이 있다.

☺ 네이버 modoo!(모두)

네이버 modoo!(https://www.modoo.at/)의 장점은 홈페이지를 블로그만큼 쉽게 만들 수 있다는 점이다. modoo!에서는 업종별 템플릿을 제공하고 있다. 게다가 네이버 서비스와의 연동이 매우 편리하다. 또한 네이버 아이디만 있다면 누구나 무료로 이용할 수 있다.

[그림51] 네이버 modoo! 네이버 서비스 연동

물론 단점도 있다. modoo!는 네이버 서비스이기 때문에 구글 등 타 플랫폼에서는 잘 검색되지 않는다. 그리고 템플릿이 다양하지 못해 취향대로 만들기가 어렵다. 더구나 모바일 형식을 메인으로 하다 보니 PC로 방문했을 때에 보이는 디자인이 별로다. 하지만 간단하게 만들 수 있고 네이버 서비스와의 연동이 손쉽다는 매력이 있으니 한 번쯤 이용해 보는 것을 추천한다.

😊 쇼핑몰형 홈페이지 만들기

오프라인 매출이 하락하면서 온라인 쇼핑몰로 눈을 돌리는 소상공인이 늘어나고 있다. 가장 간단하게 쇼핑몰 사이트를 만드는 방법은 네이버 스마트스토어와 같은 오픈 마켓에 입점하는 것이다. 하지만 엄연히 말해 네이버 스마트스토어나 11번가 등의 오픈 마켓은 임대형이다. 물론 사업 초기에는 개별적인 쇼핑몰을 구축하는 것보다 스

[그림52] 네이버 modoo! 로 제작한 홈페이지

마트스토어를 이용하는 것이 훨씬 유리하다. 하지만 지속적으로 우리 가게를 이용해 줄 고객을 모으고, 그들에게 매장 소식과 이벤트를 알리려면 제대로 된 쇼핑몰이 필요하다. 스마트스토어의 경우 네이버의 광고 플랫폼을 이용하기에는 좋아도 SNS 광고나 구글 광고 등을 통한 리타켓팅 광고(배너 광고를 통해 재방문을 유도하는 광고)는 진행할 수 없다. 그래서 성장을 생각한다면 초기에는 별도의 홈페이지를 구축해 두는 편이 좋다.

이때 카페24(https://www.cafe24.com)와 메이크샵(https://www.makeshop.co.kr)을 활용해 보는 것을 추천한다. 먼저 카페24는 무료로 사용 가능하다는 장점이 있다. 하지만 스킨을 비롯해 다양한 기능을 사용하려면 비용을 지불해야 한다. 카페24로 온라인 쇼핑몰을 구축하고지 하는 이들을 위해 시중에 많은 온라인 강의와 교재가 판매되고 있으니 참고하길 바란다. 다만 웹에 대한 이해도가 낮다면 차라리 '크몽' 같은 사이트에서 전문가나 업체에 의뢰해 초기 쇼핑몰을 만들고 관리 방법을 배워서 이용하는 것이 더 나은 방법일 수도 있다.

메이크샵은 카페24와의 차별성을 위해서 전문가들이 대신 쇼핑몰을 구축해 주는 '다해줌'이라는 서비스를 진행하고 있다. 다해줌을 이용하면 쇼핑몰 구축, PG사 가입비 면제 등 다양한 혜택을 준다. 게다가 2주면 홈페이지를 완성해 준다고 한다.

참고로 두 곳 모두 저렴하게 쇼핑몰을 오픈할 수 있지만, 이렇게 저렴한 데에는 물론 이유가 있는 법이다. 차후 쇼핑몰 오픈까지는 무료지만 운영하면서 고객들에게 문자를 보내거나 다양한 기능을 사용할 때는 여러 가지 추가 비용이 발생한다.

😊 간편하게 기업형 홈페이지를 구축하고 싶다면

모든 업체가 쇼핑몰 형식의 홈페이지를 필요로 하지는 않는다. 분명 매장 소개나 서비스 소개 정도만 게시할 홈페이지가 필요한 곳도 있을 것이다. 혹은 제대로 된 기업형 홈페이지를 원할 수도 있다.

이러한 니즈에 맞추어 홈페이지를 구축할 만한 곳으로는 아임웹(https://imweb.me/)과 WIX(Wix.com)가 있다. 이 두 곳 모두 다양한 템플릿을 갖추고 있어 이미지와 텍스트만 준비한다면 근사한 홈페이지를 만들 수 있다.

아임웹에서는 비교적 간단한 홈페이지를 만들 때 무료 버전을 이용할 수 있다. 또 한국 기업이다 보니 결제 시스템이 편리하다.

유료 서비스인 WIX는 더 다양한 템플릿 디자인, 이미지, 기능을 제공한다. 하지만 글로벌 서비스이다 보니 한국의 결제 시스템과 연동이 잘되지 않는다는 단점이 있다.

[그림53] WIX의 다양한 템플릿

☺ 홈페이지 등록과 간단 최적화 방법 소개

홈페이지를 완성했다고 끝은 아니다. 도메인을 구매해 연결해야 한다. 가장 중요한 것은 포털사이트에 노출 최적화시키는 것이다. 국내에서는 주로 검색 사이트로 네이버와 구글을 이용한다. 이 두 사이트에 홈페이지를 노출시키기 위해서는 웹마스터 도구를 이용해야 한다.

참고

네이버 웹마스터 도구: https://searchadvisor.naver.com/
구글 웹마스터 도구: https://search.google.com/

전 세계에 수많은 웹사이트가 있는데 네이버와 구글에서 그 모든 사이트를 찾아낼 수는 없다. 때문에 웹마스터 도구를 이용해 검색 사이트에 내 홈페이지가 색인될 수 있도록 네이버와 구글의 HTML 메타 태그를 복사해 홈페이지의 <HEAD> 부분에 삽입하면 된다. 태그를 삽입했다고 바로 검색되는 것은 아니다. 어느 정도 시간이 지나야 하는데 1개월이 걸릴 수도 있으니 인내심을 갖자. 만약 홈페이지 제작을 맡겼다면 웹마스터 도구 삽입을 요청하고, 웹마스터 도구의 아이디와 비밀번호는 본인 것으로 해 두어야 차후 수정 및 변경 가능하다.

중요한 것은 내 홈페이지가 포털사이트에서 잘 검색되게끔 하는 것이다. 노출이 잘 되게 하려면 홈페이지의 <title>과 <description> 이 두 가지를 잘 작성해야 한다. <title>은 '제목'이고 <description>은 '설명'이다. 아래의 그림54를 보면 잘 이해될 것이다. '종로 영어 학원', '종로 토익 학원', '강남역 일본어 학원' 등 제목과 설명에 키워드가 포함되어 있기 때문에 이것이 조합되어 다양한 검색 결과에 노출되는 것이다(이는 홈페이지를 만들면 기본적으로 작성해야 하는 부분이니 어떻게 삽입해야 할지 너무 고민하지 말자).

홈페이지를 만들면 손쉽게 최적화할 수 있지만, 제목과 설명 부

:: 강남역,종로,대구 캠퍼스

외국어학원 1위   토익, 토스, 오픽, 토플, GRE, IELTS, SAT, 중국어, 일본어, 기초영어, LSAT

[그림54] 홈페이지 포털사이트 노출 결과

분을 작성하는 것은 만드는 사람의 몫이다. 그러니 <title>과 <description>에 다양한 키워드를 넣어 잘 조합될 수 있도록 해야 한다.

스마트폰 속으로 들어온 가게,
네이버 스마트스토어와 라이브커머스

코로나19의 유행으로 인해 고객들은 점점 온라인 쇼핑으로 눈을 돌리기 시작했다. 이러한 변화로 인해 온라인 쇼핑의 형태도 변화를 거듭하며 오프라인 쇼핑에서 느낄 수 있었던 즐거움을 간접적으로 체험할 수 있도록 발전했다. 그 결과가 바로 인터넷 방송에서 홈쇼핑처럼 물건을 구매할 수 있는 '라이브커머스'이다. 요즘에는 이러한 라이브커머스에 메타버스 가상 매장까지 도입하며 주목을 받고 있다.

지역 상권을 중심으로 새로운 고객을 늘리는 데에는 분명 한계점이 있다. 이 한계는 온라인 판매로 극복할 수 있다. 도표14에서 알 수 있듯 기존 매출 비중 '오프라인 90%:온라인 10%'로 오프라인 매출 비중이 더 높았던 매장의 매출은 감소한 감면, '오프라인 10%:온라인 90%'였던 매장은 2020년 코로나19 이후 오히려 매출이 증가한 것을 확인할 수 있다. 이런 추세가 언제까지 이어질지는 알 수 없지만, 적

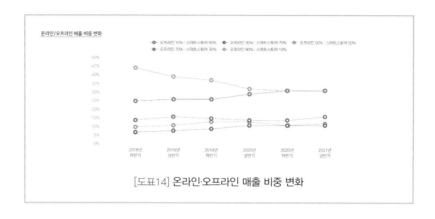

[도표14] 온라인·오프라인 매출 비중 변화

어도 온라인과 오프라인을 병행해야 한다는 사실은 확실해졌다.

　처음에는 오프라인 매장을 운영하면서 온라인 쇼핑몰까지 운영하는 것이 버거울 수 있다. 하지만 온라인 매장은 한 번만 제대로 만들어 놓으면 24시간 내내 상품을 판매할 수 있다. 기술이 발달하면서 온라인 쇼핑몰 운영 및 관리도 점점 더 편리해지고 있다. 요즘은 스마트폰으로 알림을 받을 수 있기 때문에 고객에게서 질문이 들어오면 바로 답변하며 고객 관리를 할 수 있다. 덕분에 고객들도 답변을 오랜 시간 기다릴 필요가 없어졌고, 온라인 쇼핑몰 운영자 또한 주야장천 컴퓨터 앞에 앉아있을 필요가 없게 되었다.

　물론 온라인 쇼핑몰을 만들기만 한다고 해서 매출이 엄청나게 늘어나는 것은 아니다. 경쟁이 점점 치열해지고 있기 때문에 홍보가 동반되지 않으면 내 쇼핑몰을 고객들에게 노출할 기회조차 주어지지 않는다. 오프라인 매장을 운영해 봤다면 처음 온라인 쇼핑몰을 시작하는 이들에 비해서 고객이 원하는 서비스나 대응 방법, 제품의 어필

포인트 등에 대해 더 잘 알테니 좀 더 빠르게 자리 잡을 수 있을 것이다.

매출 증대와 고객 확보에 조금이나마 보탬이 될 수 있는 온라인 쇼핑 플랫폼 중에서 가장 이용 방법이 쉽고 고객을 많이 확보할 수 있는 플랫폼은 바로 네이버 스마트스토어이다. 스마트스토어를 운영하면 N쇼핑라이브도 함께 진행할 수 있다. 네이버 스마트스토어는 꼭 어떤 상품을 파는 업종에서만 이용할 수 있는 것은 아니다. 미용실, 음식점, 사진관 등에서도 이용권, 할인권 등을 판매할 수 있다. 게다가 네이버 스마트스토어 이용 방법을 잘 익혀두면 이후 쿠팡, 카카오쇼핑, 11번가 등 다양한 쇼핑몰에 입점하는 것 또한 어렵지 않을 것이다.

[그림55] 네이버 스마트스토어에서 판매되는 강습권, 이용권 등의 예시

☺ 네이버 스마트스토어로 온라인 쇼핑 정복하기

네이버 스마트스토어는 앞서 이야기한 것처럼 이용 방법이 쉬울 뿐만 아니라 타 플랫폼에 비해 수수료도 낮고, 구매 고객이 구매 확정만 한다면 바로 판매금을 정산받을 수 있다는 장점이 있다. 또 소상공인들에게 수수료 할인 혜택도 제공하고 있다. 무엇보다 스마트스토어 이용을 추천하는 이유는 다양한 쇼핑 플랫폼 중 이용자 수와 거래량이 가장 많기 때문이다. 이는 곧 상품 노출 기회 및 판매 기회가 많다는 것과 같다. 반대로 말하면 경쟁이 치열하다고도 할 수 있다.

하지만 아무리 경쟁이 치열해도 분명 틈새는 있다. 이 틈새시장을 잘 노린다면 분명 많은 기회를 얻을 수 있을 것이다.

오프라인 사업을 경험한 당신의 장점은 무엇인가? 당연하지만 장

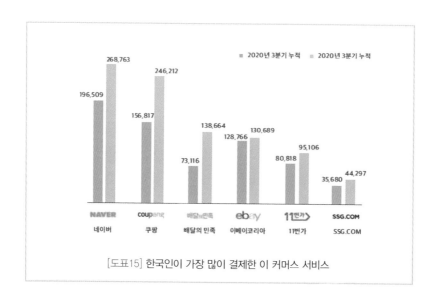

[도표15] 한국인이 가장 많이 결제한 이 커머스 서비스

사 경험이 있다는 것이다. 때문에 소비자가 무엇을 원하는지 정확히 파악할 수 있을 것이다. 이러한 장점을 잘 활용해 다른 이들보다 앞서 나갈 수 있다.

이 책에서 네이버 스마트스토어에 대해 A부터 Z까지 다 설명하기에는 어려움이 있으므로 욕심내지 않고 스마트스토어 성공을 위한 핵심 노하우만 정리해 보았다. 만약 스마트스토어 입점을 준비하고 있다면 온라인 교육과 관련 도서를 주변에서 쉽게 구할 수 있으니 꼭 사전 조사 후에 시작하기를 바란다.

> **참고**
>
> 네이버 비즈니스 스쿨(https://bizonline.naver.com/)에서 스마트스토어 및 N라이브커머스 진행 방법과 노하우를 소개하고 있으니 확인해 보자.

😊 네이버 쇼핑에 내 상품을 노출시키는 방법

상품 노출에도 전략이 필요하다. 쇼핑몰에 접속하면 무엇부터 볼까? 모든 사람이 똑같지는 않겠지만, 당연히 메인 화면에서 광고하고 있는 할인 행사나 기획전에 먼저 눈길이 갈 것이다. 이를 한 번 둘러보고 원하는 상품이 없다면 필요한 상품을 검색하기 시작한다.

네이버 쇼핑을 이용하는 고객 대다수가 검색을 통해 상품을 찾는데, 이미 인기 상품들이 자리를 차지하고 있기 때문에 뒤늦게 등록한 상품이 한 자리 차지하는 것은 쉽지 않다. 게다가 검색 결과의 첫 페이지에 노출되지 않으면 잘 판매되지 않는다는 문제도 있다. 그래서 네이버에서는 '쇼핑검색광고'라는 것을 만들어 광고 비용을 받고 상품을 상위 노출해 주고 있다. 하지만 전략도 없이 이를 진행했다가는 돈만 잔뜩 쓰고 원하던 결과는 얻지 못하게 된다.

네이버 쇼핑에서 찾고 싶은 상품을 검색하면, 꼭 내가 찾는 상품이 아니더라도 유사한 상품이 함께 노출되어 여러 상품을 보게 된다. 네이버 쇼핑에도 검색 알고리즘이 적용된 것이다.

네이버 쇼핑의 검색 알고리즘은 아래의 그림56에서 알 수 있듯이 적합도, 인기도, 신뢰도를 중요하게 여긴다. 인기도를 쌓기 위해서는 검색 의도에 적합한 상품을 추천하는 '적합도'에 잘 맞추어 상품을 등록하는 것이 우선이다. 상품명을 아무리 잘 작성해도 원하는 검색어에서 노출되지 않는 경우가 많은데 이는 네이버 쇼핑 알고리즘

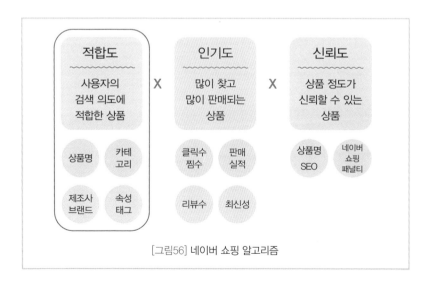

[그림56] 네이버 쇼핑 알고리즘

이 상품명보다는 제조사&브랜드와 카테고리를 우선 반영하기 때문이다. 그래서 노출 전략이 필요한 것이다. 이런 내용을 모르고 광고에 돈을 쓰기만 한다고 해서 매출로 이어지는 것은 아니다. 이제부터 내 상품을 잘 노출시킬 방법에 대해서 하나씩 짚어보자.

😃 네이버 스마트스토어 상품 노출 팁 ① 카테고리와 브랜드 등록

먼저 카테고리 선택에 대해서 알아보자. 'A 부대찌개'라는 음식점에서 판매하던 부대찌개를 네이버 스마트스토어에 등록해 온라인 판매한다고 가정해 보자. 네이버 스마트스토어에서 상품을 등록할 때 가장 먼저 선택해야 하는 항목은 바로 카테고리다. 부대찌개를 온라인으로 판매할 때에는 육수, 햄, 채소, 떡의 재료를 한 박스에 담아주는 밀키트 형태로 판매하니 그림57의 상단 이미지와 같이 식품>밀키트>찌개/국 카테고리에 등록하는 것이 맞다. 그런데 네이버 쇼핑에 부

[그림57] 네이버 쇼핑 카테고리

대찌개를 검색했을 때 노출되는 카테고리는 **식품>냉동/간편조리식품>즉석국/즉석탕**이다. 두 개의 카테고리 중에서 어떤 카테고리를 선택해야 할까? **냉동/간편조리식품** 카테고리를 선택하면 '부대찌개(네이버 검색량 평균 12만 회)'에 많이 노출될 것이다. 하지만 노출 수가 많은 만큼 경쟁도 치열하다. 반면 최근 밀키트 소비가 많아진 것을 생각해 '부대찌개 밀키트'와 같은 틈새 키워드를 노리려면 **밀키트** 카테고리를 선택하는 것이 유리하다. 이처럼 카테고리가 나뉘어 있지만 경계가 다소 모호한 제품의 경우 어떤 카테고리를 선택하느냐에 따라 노출량

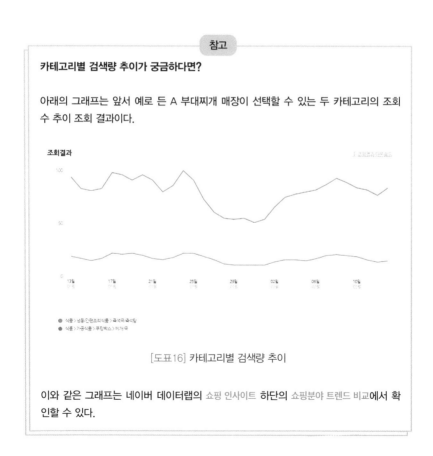

참고

카테고리별 검색량 추이가 궁금하다면?

아래의 그래프는 앞서 예로 든 A 부대찌개 매장이 선택할 수 있는 두 카테고리의 조회 수 추이 조회 결과이다.

[도표16] 카테고리별 검색량 추이

이와 같은 그래프는 네이버 데이터랩의 쇼핑 인사이트 하단의 쇼핑분야 트렌드 비교에서 확인할 수 있다.

과 검색 결과가 크게 달라지니 신중하게 선택해야 한다.

다음으로 상품 노출에 있어 중요한 역할을 하는 것은 제조사와 브랜드인데 이를 중요하게 생각하지 않는 이가 많다. 하지만 앞서 얘기한 것처럼 검색 AI가 상품을 노출시킬 때 상품명보다 우선시하는 것이 브랜드이다. 기존 브랜드 제품을 판매하는 경우라면 상품 등록 시 모델명과 해당 브랜드를 검색해 입력하길 바란다. 그래야 가격 비교에 매칭되면서 상품이 노출된다. 만약 그림58과 같이 네이버에 등록되지 않은 브랜드라면 브랜드명, 모델명, 제조사 등을 직접 입력하자.

[그림58] 네이버 쇼핑 상품정보 등록

한 가지 주의할 점이 있다. 그림58과 같이 음식점에서 판매하는 음식을 온라인으로 판매하고자 할 때는 브랜드명에 매장명을 적고 모델명에는 판매할 상품명을 적으면 되는데, 주의할 것은 판매하고자 하는 상품이 자체 제작 상품이라는 부분이다. 자체 제작 상품은 주로 수제작 의류, 잡화 등을 말하는데 자체 제작 상품 박스를 체크하면 브

[그림59] 네이버 쇼핑에 등록된 커튼 브랜드

랜드명 대신 자체 제작 상품이라고 표기 되어버리니 주의해야 한다.

다음으로 많은 이들이 브랜드 등록 부분에 대해서 문의하는데, 네이버에 등록된 브랜드는 그림59와 같이 노출된다. 네이버에 브랜드를 등록하는 방법은 두 가지이다. 첫 번째는 알아서 등록되도록 그저 기다리는 것이다. 당연히 이 방법은 시간이 오래 걸리며 정확한 생성 시점 역시 예측할 수 없다. 조회 수가 높아지고 사람들이 해당 브랜드 명을 많이 검색하면 자동으로 등록되는데 그것 또한 확실한 것은 아니다. 때문에 결국 직접 브랜드를 등록하는 방법을 선택하게 된다.

군이 브랜드 등록을 해야만 하는 건지 의아할 수도 있다. 당연히 이점이 많기 때문에 추천하는 것이다! 우선 브랜드 카탈로그 관리가 가능해진다. 브랜드 카탈로그 또는 쇼핑몰 가격 비교와 함께 노출되면 단품으로 등록된 상품과 비교해 상위 노출될 가능성이 높아진다.

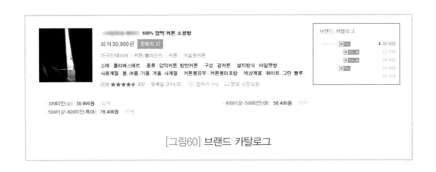

[그림60] 브랜드 카탈로그

그 밖에도 '제품 카탈로그형 광고'나 '쇼핑 브랜드형 광고'로 브랜드 광고를 할 수 있다. 이는 검색 광고보다 더 눈에 잘 띄는 곳에 내 광고를 게시할 수 있다는 장점도 있다(그림 61 참고).

[그림61] 네이버 쇼핑 브랜드 관련 광고

브랜드 등록에는 몇 가지 조건이 있는데 그중에서 가장 중요한 것이 바로 상표권이다. 만약 지금 상표권이 없다면 상표권 신청부터 시작해야 한다. 상표권을 얻은 후 네이버 브랜드 패키지(https://center. shopping.naver.com/brand-info)를 통해 브랜드 등록을 신청하면 된다.

[그림62] 브랜드 패키지

☺ 네이버 스마트스토어 상품 노출 팁 ② 상품명 등록

상품명은 매우 중요하다. 모든 사람이 똑같은 내용을 검색하지 않기 때문에 상품명만 달랑 적어두면 다양한 검색 결과에서 노출되기 힘들다. 상품명은 마음대로 작성해서는 안 된다. 반드시 네이버 검색 AI가 잘 이해할 수 있도록 작성해야 한다. 과장하거나 홍보성 수식어, 눈에 띄기 위한 특수 기호를 붙이는 것도 안 된다. 그리고 같은 키워드를 여러 번 반복해서도 안 된다. 그럼 어떻게 작성해야 할까? 지금부터 설명하는 내용을 참고해 상품명을 작성해 보자.

등록하려는 상품에 다음 내용에 대한 해당 사항이 있다면 필수적으로 기입하고 가능한 한 다음의 순서대로 기입하자.

상품명 작성 시 고려해야 할 사항

□ 브랜드/제조사
□ 시리즈
□ 모델명(모델 코드)
□ 상품 유형 (형태)
□ 색상: 다중 색상 허용
□ 소재
□ 패키지 내용물 수량
□ 사이즈
□ 사용자 성별 나이 표현(남성/여성/유아)
□ 속성(용량, 무게, 연식, 호수 등)

제품이 노출되었으면 하는 키워드가 있다면 콤마(,) 없이 키워드를 나열하면 된다. 나열된 키워드들은 조합되어서 다양한 검색 결과에 노출된다.

상품명 작성 예시

상품명 예시: (브랜드명) 나비주름 시폰 거실 속 커튼
위의 경우에 노출 가능성이 높은 예시: 나비주름커튼 시폰커튼 거실커튼 속커튼

상품 등록과 상세 페이지 준비가 끝났다면 이제는 판매가 가장 중요하다. 앞에서 살펴보았던 그림56 네이버 쇼핑 알고리즘을 다시 살펴보면 인기도 항목에 클릭 수, 찜 수, 리뷰 수, 판매 실적 등이 있다. 그중 찜 수, 리뷰 수는 어떻게 늘려야 할까?

스마트스토어에는 개인 쇼핑몰과 달리 회원가입 시스템이 없다. 때문에 고객이 먼저 찾아오지 않는 한 다가갈 방법이 없다. 오프라인 매장이야 길을 가다 눈에 띄면 다시 찾아가볼 수 있지만, 온라인은 그렇지 않다. 회원가입은 단골 유치의 가장 중요한 요소이다. 스마트스토어에는 회원가입 대신 '소식 받기'와 '스토어찜'이 있다. 때문에 고객들이 이 두 가지를 하도록 유도해야 한다. 그래야 차후 고객에게 마케팅 메시지, 할인 쿠폰, 라이브커머스 알림을 전달할 수 있다. 소식받기와 스토어찜을 늘리기 위해서는 고객에게 혜택을 주어야 하는데 스마트스토어에서는 이를 위해 제품 할인 쿠폰을 발행할 수 있다.

[그림63] 스토어찜 쿠폰과 소식알림 쿠폰

다음으로는 리뷰를 신경 써야 한다. 리뷰는 구매 최종단계에서 결정적인 역할을 할 때가 많다. 나 역시 평점이 낮은 제품은 구매할 때 많이 망설여진다. 하지만 고객들이 순수하게 제품에 감동해 리뷰를 적는 경우는 거의 없다. 그래서 스마트스토어에서는 리뷰에 대한 보상을 줄 수 있다. 네이버 스마트스토어에서 제품 구매해 봤다면 리뷰 작성 후 혜택을 받아보았을 테니 잘 알 것이다. 이러한 할인 쿠폰 혜택이나 리뷰 포인트 적립은 판매자가 부담하는 부분이다. 때문에 이런 혜택을 제공할 때에는 판매 마진을 잘 따져봐야 한다.

☺ 라이브커머스

네이버 쇼핑라이브를 비롯해 카카오 쇼핑, 11번가, 쿠팡, 그립 등 여러 종합쇼핑몰에서 라이브커머스를 진행하는 것을 본 적이 있을 것이다. 요즘은 라이브커머스가 대세라고 할 수 있다. 스마트폰 하나만 있으면 어디에 있든 라이브커머스를 진행할 수 있다. 네이버 쇼핑라이브는 누구나 진행할 수 있기 때문에 소상공인이 직접 출연해 제품을 판매하는 사례가 늘어나고 있으며, 실제 매출에도 많은 도움이 된다고 한다. 특히 네이버 쇼핑라이브는 타사 라이브커머스보다 방문자 수도 많고 구매 전환율도 높은 편이다.

네이버 쇼핑라이브를 위해서는 스마트스토어 입점이 필수다. 만약 전문 장비가 없더라도 모바일 애플리케이션만 설치하면 문제없이 진행할 수 있다. 신규 사업자라면 라이브커머스를 꼭 한번 진행해 보길 바란다. 앞서 소식받기, 스토어찜에 대해 설명했는데 네이버 쇼핑라이브를 통해 라이브커머스를 진행하면 이 또한 늘릴 수 있다. 사실 신규 등록 업체가 라이브커머스를 하면 노출도 잘 안 되고 리뷰도 많지 않아 고객들이 구매를 망설이다 나가버리는 경우가 허다하다. 하지만 네이버 쇼핑라이브를 통해 진행하면 스마트스토어에 리뷰가 없더라도 제품 설명만 잘한다면 충분히 구매로 이끌 수 있다.

[그림64] 네이버 쇼핑라이브

처음부터 전문 업체에 맡기지 말고 직접 시도해 보는 것을 추천한 다. 최근 네이버 쇼핑라이브 대행 업체가 많이 생겨나고 있는데, 라이 브커머스 대행 비용이 최소 100만 원 정도다. 라이브커머스로 인해 얻을 매출이 어느 정도일지 알 수 없는 상황에서 많은 비용을 쏟기보 다는 우선 직접 경험해 보는 것이 더 좋은 방법이라고 생각한다. 나도 스마트폰으로 네이버 쇼핑라이브를 직접 진행해 본 적이 있는데 조 명만 조금 밝은 곳에서 한다면 영상 퀄리티에는 큰 문제가 없는 듯했 다. 기존에 가게를 운영해 봤다면 고객을 상대해 본 경험이 있으니 오 히려 전문 쇼 호스트보다 더 잘 할 수 있을지도 모른다.

네이버 쇼핑라이브는 기획형 라이브나 인지도가 높은 브랜드 제품 을 판매하는 게 아닌 이상 처음에는 실망스러울 정도로 시청자 수도 적고 매출도 높지 않을지 모른다. 하지만 여기서 포기하면 안 된다. 여러분만 그런 것이 아니라 거의 모든 업체의 처음이 그렇다. 그러니 꾸준하게 방송하면서 인지도를 쌓고, 스마트스토어 찜 수도 점차 늘려간다면 분명 매출도 서서히 좋아질 것이다.

참고

아임스타즈

아임스타즈(https://www.imstars.or.kr)는 중소벤처기업부 산하 중소기업유통지원센터에서 운영하는 플랫폼으로 소기업, 소상공인을 대상으로 유통판로 지원 사업을 한다. 상품 상세페이지 지원 사업뿐만 아니라 라이브커머스 제작 지원도 하니 꼭 이용해 보길 바란다.

[그림65] 아임스타즈 지원 사업

카카오톡 채널

카카오톡 채널은 고객들에게 메시지를 전달하는 것이 주 역할이다. 디지털마케팅에서 고객과의 소통 채널을 구축하는 것은 매우 중요한 과정이다. 때문에 카카오톡 채널은 단골을 유지하기 위해 꼭 필요한 채널이라고 생각된다. 물론 블로그, SNS 등으로도 고객들에게 소식을 전할 수 있지만, 카카오톡만큼 이용 비중이 높지는 않다.

카카오톡은 개인 계정과 사업자 계정을 별도 애플리케이션으로 구분해 사용할 수 있다. 그리고 채팅 가능 시간도 설정할 수 있어 상담을 원하지 않거나 진행할 수 없는 시간에는 자동 답변이나 미리 입력해둔 답변으로 고객을 응대할 수도 있다. 가장 중요한 것은 내 카카오톡 채널을 친구 추가한 이들에게 메시지나 할인 쿠폰을 적극적으로 보낼 수 있다는 점이다. 이는 마케팅 측면에서도 매우 유용하다. 또한 고객의 재방문 또는 재구매율을 높일 수 있다는 장점 하나만으로도 카카오톡 채널은 충분히 매력적인 플랫폼이다. 많은 이들이 여전히

문자로 할인 쿠폰을 보내는데 사실 이런 광고 문자는 자세히 읽지 않고 넘기는 경우가 많다. 그에 비해서 카카오톡은 수시로 확인하는 애플리케이션이기 때문에 메시지 오픈율이 매우 높은 편이다.

[그림66] 카카오톡 채널 메시지

카카오톡 채널은 카카오비즈니스(business.kakao.com)에서 만들 수 있으며 이곳에서 카카오모먼트, 카카오광고와 연동할 수 있다. 또 카카오매장관리, 카카오주문하기 등의 서비스도 이용 가능하다.

카카오비즈니스에 가입한 후 새 채널 만들기에서 채널을 개설할 수 있다. 가능한 한 채널 이름과 검색용 아이디를 통일하는 것을 추천한다. 그리고 사람들이 쉽게 찾을 수 있도록 한글로 작성하는 것이 좋다. 카카오톡 채널 개설을 마쳤다면 앱스토어에서 '카카오톡 채널관리자'를 설치하자. 그래야 고객 문의를 바로바로 받을 수 있다.

[그림67] 카카오톡 채널 개설하기

☺ 카카오톡 채널 추가와 메시지 보내기

카카오톡 채널 이용자 수는 어떤 방법으로 늘릴 수 있을까? 우선 가장 손쉬운 방법으로 카카오톡 내 광고를 진행할 수 있다. 이렇게 광고를 진행하려 한다면 꼭 매장을 중심으로 지역, 연령, 성별, 관심사까지 설정해 타깃에게만 광고가 노출될 수 있도록 해야 한다.

또 매장에 방문하는 고객에게 쿠폰이나 사은품을 증정하는 방법으로 채널 친구 추가를 유도하는 방법도 있다. 개인적인 의견으로는 광고를 하는 것도 좋지만 오프라인 매장의 이점을 살리는 이 방법이 더 좋다고 생각한다. 기존 고객이 서비스나 제품에 만족했다면 이미 한 번 이상 매장에 방문해 봤고 판매하는 상품에 긍정적이기 때문에 재

[그림68] 카카오톡 채널 친구 추가 광고(좌), 카카오톡 채널 추가 이벤트(우)

방문 확률도 더 높다. 게다가 업체마다 광고 비용은 조금씩 다르지만 타깃이 한 명 추가될 때마다 요금이 1,000~2,000원 정도 발생하는데 그들의 방문은 아무도 보장해 줄 수 없다.

카카오톡 친구 수를 어느 정도 늘렸다면 그들에게 메시지를 보내 보자. 메시지의 종류는 크게 4가지로 나뉜다. 바로 기본 텍스트형, 와이드 이미지형, 와이드 리스트형, 커머스형이다. 이미지를 만드는 데 자신이 없다면 사진 한 장만 첨부해 기본 텍스트형 메시지를 보내면 된다. 만약 그보다 전달할 내용이 많고 이벤트도 다양하다면 와이드 리스트형을 선택하면 된다.

카카오톡 채널 메시지는 유료 서비스이다. 전체 친구에게 발송 시 메시지당 부가세 포함 16.5원이며, 타깃을 설정하면 메시지당 22원이다. 문자로 이미지를 첨부하거나 긴 메시지를 보내면 카카오톡 메시지보다 가격이 높을 것이다. 친구 수가 적은 오픈 초반에는 전체 메시지를 선택해도 괜찮겠지만, 점차 친구 수가 많아지면 굳이 모두에게 메시지를 보낼 필요가 없다. 이벤트에 맞게 타깃을 세분화해 메시지

메시지 작성

기본 텍스트형 NEW
이미지, 동영상, 버튼 첨부가 가능한 기
본형 메시지입니다.

메시지 작성

와이드 이미지형
이미지, 동영상을 강조할 수 있습니다.

메시지 작성

와이드 리스트형
다수의 소식을 리스트 형태로 구성할 수
있습니다.

메시지 작성

커머스형
다수의 상품을 카탈로그 형태로 보여줄
수 있습니다.

메시지 작성

[그림69] 카카오톡 채널 메시지 종류

를 발송하면 된다. 예를 들어 레스토랑에서 화이트데이 이벤트로 조기 예약 시 할인해 준다는 메시지를 보내려고 한다. 이때 이 메세지를 굳이 모든 고객에게 보낼 필요가 있을까? 남자가 사탕을 선물하는 화이트데이이니만큼 예약을 많이 할 것으로 예상되는 20~30대 남성에게 메시지를 보내는 것이 보다 효율적이다.

뿐만 아니라 메시지를 보낼 때에는 시간 선정이 매우 중요하다. 화이트데이 이벤트 경우 바쁜 오전보다는 좀 더 여유롭게 메시지를 확인할 수 있는 퇴근 시간 무렵에 메세지를 보낸다면 더 나은 성과를 거둘 수 있을 것이다.

6장

온라인 광고 Part 1

네이버 광고

'저는 광고비 1원도 들이지 않고 네이버 쇼핑으로 월 매출 1,000만 원 달성했어요.'

이런 내용으로 홍보하는 유튜브 영상, 온라인 강의를 본 적이 있을 것이다. 그런데 정말 광고비를 1원도 들이지 않고 온라인 홍보 활동을 하는 것이 가능할까? 물론 유튜브 영상 하나로 대박이 날 수도 있지만 그렇게 되기란 쉽지 않다는 것을 알 것이다. 네이버를 비롯해 구글, 카카오 등의 서비스 제공 업체에도 수익이 있어야 하는데, 그중 가장 큰 몫을 차지하는 부분이 바로 광고다. 때문에 무료로 서비스를 제공하던 채널에서도 어느새 광고 상품을 내놓고 있다.

빠르게 성장하고 싶다면 온라인 광고가 필수 불가결이니 어떤 광고 상품이 있는지, 무엇이 우리 업체에 맞는지 조사해 보고 판단해야 할 것이다.

블로그 마케팅을 진행하려 해도 브랜드 공식 블로그가 처음부터 상위에 노출되기란 어렵다. 그래서 마케팅 업체에 외주를 맡기려고 알아보면 인플루언서에게 제품이나 서비스를 제공해야 할 뿐만 아니라 마케팅 업체에도 비용을 지불해야 한다. 이 방법 말고는 네이버 콘텐츠 검색 광고를 집행하는 방법이 있다.

여러 광고 중에서도 네이버 광고에 대해서 잘 아는 것이 중요하다. 소액으로 진행할 수 있으며, 매장 방문, 제품 판매 등 고객의 액션을 이끌어내는 데 가장 즉각적인 효과를 볼 수 있는 광고가 바로 검색 관련 광고이다. 그리고 정보 검색 시 가장 많이 이용되는 매체가 바로 네이버이다. 그래서 네이버에는 검색과 관련된 광고 상품이 많다.

검색 외 광고에 대해서는 〈7장. 온라인 광고 Part 2〉에서 설명하도록 하고 검색 광고에 대해 조금 더 이야기하자면, 사람들은 이제 정보를 찾을 때 주변에 묻지 않는다. 굳이 그럴 필요가 있을까? 스마트폰을 켜 인터넷에 검색하면 더 정확하고 풍부한 정보를 얻을 수 있다. 내가 원하는 정보를 찾을 수 없을 때에는 카페나 지식iN 등을 통해서 질문을 등록해두면 누군가가 상세하게 알려주기도 한다. 답변자가 일상에서 만나기 힘든 해당 분야 전문가일 때도 있다.

요즘은 굳이 MZ세대가 아니라도 많은 이들이 검색 시 유튜브나 인스타그램을 이용한다고 한다. 유튜브에서는 제품 리뷰나 사용 방법 등을 검색하고 인스타그램에서는 해시태그를 통해 궁금한 장소와 제품을 검색한다. 하지만 유튜브나 인스타그램에 검색해 결과를 얻더라도 부족한 내용이 있으면 네이버나 구글에 한 번 더 검색하게 된다. 따라서 거의 모든 정보가 모여있는 네이버는 많은 사람들이 당연하게 찾는 곳이기도 하다.

네이버 PC 버전과 모바일 버전의 검색 결과는 동일하지만, 노출 순서는 조금 다르다. 검색 결과 순서는 유저들이 가장 많이 클릭하는 것을 위주로 결정되며 주기적으로 업데이트된다. 그래서 시간이 지나면 영역별 위치가 변경되기도 한다. 지역 중심으로 영업하는 가게라면 아무래도 메인 키워드보다는 세부 키워드(지역명+키워드 포함) 의존도가 높을 수밖에 없다. 때문에 자주 이용하는 세부 키워드 노출에 어떤 변화가 있는지 자주 살펴볼 필요가 있다.

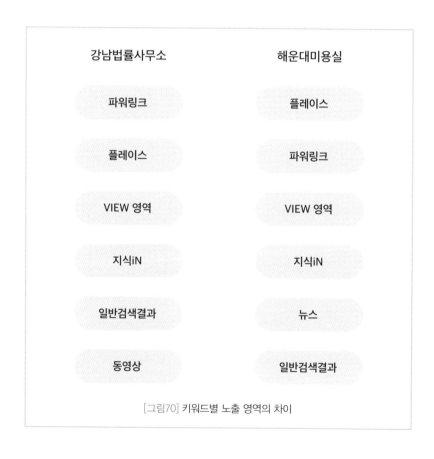

[그림70] 키워드별 노출 영역의 차이

그림70과 같이 2개의 키워드를 살펴보면 검색 결과가 다름을 알 수가 있다. 그러니 몇 가지 주요 키워드를 정해두고 어떤 영역의 광고에 중점을 둘지를 결정해야 한다. 광고 예산이 무한정 있다면 모든 영역에 광고하는 것이 좋겠지만, 현실적으로는 광고비를 적절히 책정해 사용해야 할 것이다. 그렇다면 선택과 집중이 필요하다.

무조건 제일 위에 띄운다고 해서 좋은 광고는 아니다. 사람마다 취향이 다른 것처럼 검색 시에도 자신이 좋아하는 영역부터 살펴본다. 위치, 가격, 업무 시간, 서비스 등이 궁금하다면 플레이스를 가장 먼저 살펴볼 것이고, 다른 사람들의 후기가 궁금하다면 VIEW 영역에서도 블로그를 선택할 것이다.

어떤 광고가 더 효과적인지 궁금하다면 테스트 광고를 진행해 보는 방법이 있는데 이는 쇼핑몰처럼 비교해 보기는 어렵다. 쇼핑몰은 구매라는 정확한 결괏값이 있지만, 오프라인 중심의 사업의 경우 전화 문의, 예약, 직접 방문 등 결과가 여러 경로로 나타날 수 있기 때문이다. 그래서 한 영역씩 광고해 방문 경로별로 결과를 파악하고 비교해보는 방법을 추천한다.

네이버에서는 배너 광고를 제외한 모든 광고를 네이버 광고관리시스템에서 집행할 수 있다. 많은 광고 중 소상공인에게 적합한 광고를 간단하게 표로 정리해 보았다(도표17 참조). 그리고 이번 장에서 표의 내용을 자세하게 다룰 테니 천천히 따라오길 바란다.

광고명	광고 영역	광고에 대한 짧은 설명	과금 방식
파워 링크	파워 링크	모든 키워드 사용 가능. 상단에 위치하는 광고이며, 콘텐츠 영역까지 포함하면 가장 많이 노출되는 광고	클릭 당 과금
비즈 사이트	비즈 사이트	파워링크 광고 영역에서 순위가 밀린 순위권 밖 광고	클릭 당 과금
콘텐츠 검색 광고	VIEW 영역	블로그나 카페 콘텐츠를 사용하는 광고하는 것	클릭 당 과금
쇼핑 검색 광고	쇼핑 영역	네이버 쇼핑 입점 또는 스마트스토어 이용 시 집행 가능	클릭 당 과금
플레이스 광고	플레이스 영역	플레이스 상단 영역 외에 지도 영역에도 광고가 노출됨	클릭 당 과금
지역 소상공인 광고	콘텐츠 영역	매장 주변 고객에게만 노출되는 광고 (뉴스,블로그 등 콘텐츠 영역에 노출됨)	노출 당 과금
클릭 초이스 플러스	모바일 상단 영역	네이버에서 선정한 키워드에 해당되는 업종만 노출되며, 구 광고 시스템에서만 광고 집행 가능	클릭 당 과금

[도표17] 네이버 광고 정리

파워링크

[그림71] 네이버 파워링크

네이버에서 가장 많이 이용되는 검색 광고가 바로 파워링크 광고이다. 파워링크 광고만 제대로 이용할 줄 알면, 구글 검색 광고나 카카오 검색 광고 역시 어렵지 않게 이용할 수 있다. 그뿐만 아니라 앞서 도표17에서 소개한 네이버 광고시스템의 대부분이 비슷한 방식을 갖추고 있으니 많은 도움이 될 것이다.

충분한 예산으로 다양한 키워드 광고를 한다면 광고 대행사를 이용하는 것이 낫다. 여행객이 많은 지역의 음식점, 숙박 시설 등을 제외하면 대부분 지역 키워드 중심의 광고이기 때문에 한 달 광고비가 많이 들지 않는다. 하지만 소액으로 적은 키워드 광고를 운영하려 한다면 광고 대행사에 엄청난 결과를 기대하지 않는 것이 좋다. 네이버의 공식 광고 대행사는 네이버로부터 15퍼센트 가량의 수수료를 받는다. 예를 들어 월 20만 원 정도의 광고를 진행하면 대행사가 받는 수수료는 월 3만 원 정도이다. 그러니 우선 광고 대행사를 이용하며

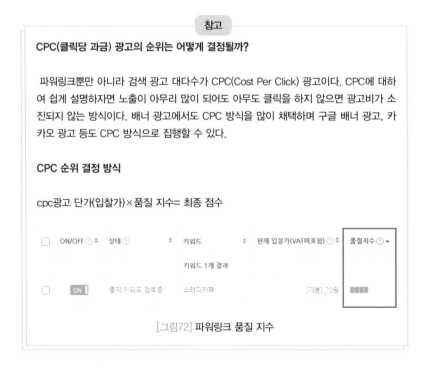

[그림72] 파워링크 품질 지수

초보 창업자가 자주 하는 질문

Q. 첫 사업을 시작했는데 광고대행사에서 연락해 와 ○○ 키워드로 상위 노출시켜줄 테니 일 년 치 광고비인 100만 원을 선입금하라고 하는데 믿어도 되는 건가요?

지역 상권 중심 사업을 하기 위해 네이버 플레이스에 매장을 등록하면 많은 대행사에서 연락을 해온다. 물론 정상적인 광고 대행도 있지만, 엉터리 사기를 치는 대행사도 있다. 위의 질문처럼 일 년 치 광고비를 선납하라고 요구하는 경우는 없다. 네이버 검색광고의 경우 광고주가 직접 운영할 수도 있고, 광고비 충전도 직접 할 수가 있다. 광고비를 10만 원 충전하고 클릭 수가 많은 키워드를 선택했다면 과금 소진이 빨라 일주일 만에 끝날 수도 있고, 클릭 수가 저조한 키워드라면 한두 달을 쓸 수도 있다. 그러니 엉터리 대행사에 속는 일은 없도록 하자.

직접 광고를 수정하고 입찰할 수 있도록 능력을 키우는 것이 좋다. 이런 것까지 직접 해야 하나 싶겠지만, 고객 방문, 문의, 예약에 가장 큰 영향을 끼치는 것이 광고이기 때문에 광고하는 방법, 결과 분석, 트렌드에 대해 알아두는 것이 중요하다. 대행사에 일을 맡겼더라도 일주일에 한 번 정도는 광고 시스템에 접속해 어떻게 운영되고 있는지 파악해야 한다. 만약 모르는 부분이 있다면 광고 대행사나 네이버 고객센터에 문의해 힘을 키우자.

☺ 캠페인 만들기

광고를 만들려면 우선 캠페인부터 만들어야 한다. 캠페인을 만들기 전 우선 광고 구조가 어떻게 되어 있는지 살펴보자. 네이버 검색 광고 외에도 많은 광고가 도표18과 같은 구조로 이루어져 있다. 캠페인→ 광고 그룹→ 광고 소재 순서대로 만들고 나서 광고 소재와 키워드 승인이 나면 광고를 입찰하고 게시하게 된다.

캠페인	광고의 목적을 결정한다.
광고 그룹	광고 노출 위치, 노출 시간 등 광고와 관련된 여러 가지를 설정한다. 배너 광고에서는 타깃 설정도 그룹 단위로 하게 된다.
광고 소재	키워드 광고에서는 광고 키워드와 광고 소재를 해당 단계에서 생성할 수 있다.

[도표18] 광고의 구조

캠페인마다 목적을 설정해야 하는데 네이버 검색 광고의 경우 광고 종류를 선택하게 된다. 이 경우에는 파워링크를 집행할 것이기 때문에 파워링크 유형을 선택하면 된다.

다음은 광고 예산 부분이다. 하루 동안 사용할 광고비를 설정하면 된다. 하루 예산의 경우 키워드에 따라 차이가 큰데, 키워드를 선택하기 전까지는 예산을 정확히 알 수 없으므로 하루 예산을 우선 1천 원 정도로 설정해뒀다가 차후 수정하면 된다. 사실 예산은 제한 없이 사용해도 되지만, 클릭 수가 늘어 광고비가 모두 소진될지도 모른다. 하루 예산은 이를 미연에 방지하는 장치라고 보면 된다. **예산을 균등배분 합니다** 부분에 체크하면 하루 예산을 24시간으로 나누어 집행할 수 있다. 만약 오후 1시에 클릭 수가 많아지면 2시쯤 광고가 끊길 수도 있다. 광고를 24시간 내내 노출할 필요가 없다면 차라리 그룹에서 노출 시간을 조정하는 것도 좋은 방법이다.

[그림73] 캠페인 유형 종류

😊 그룹 만들기

이제 그룹을 만들자. 그룹에는 URL을 입력하는 부분이 있는데 별
도의 홈페이지가 없다면 블로그, 플레이스, 스마트스토어 주소 등을
적어도 된   ㅂ\'1234567890-09999000ㅁㅊㅍㅊㅊㅊㅍㄹㅊㅌㅌ
ㅋ. 입찰가는 키워드별로 설정할 것이다. 그룹 만들기에서 가장 중요
한 부분은 바로 고급옵션 부분이다.

① 매체 설정

내 광고가 모든 매체에 노출되면 물론 좋겠지만, 현실적으로는 굳
이 모든 매체에 노출할 필요는 없다. 그러니 노출 매체 유형 선택을
통해 노출하고 싶은 영역을 지정하자.

[그림74] 네이버 파트너 매체 ZUM 검색 결과 노출(좌), 블로그 하단 콘텐츠 영역 광고(우)

비용을 절감하면서 가장 큰 효과를 얻고자 한다면 검색 매체 중에서 네이버 및 검색 포털 매체만 진행하는 것을 추천한다. 만약 많은 노출을 노린다면 콘텐츠 매체에서 네이버 매체를 추가하는 것을 추천한다. 그리고 PC 버전 노출 비중이 낮은 키워드라면 모바일에 한정해도 된다.

② **지역 노출**

지역 상권을 중심으로 운영하는 소상공인에게는 이 부분이 가장 중요하지 않을까? 지역은 동 단위까지 타깃팅할 수 있다. 만약 지역 상권 중심 업종이 아니거나 관광지라서 타지 손님 많다면 지역 노출은 의미가 없다. 또 '지역명+키워드'를 사용하는 경우에는 굳이 지역 노출을 제한할 필요가 없다.

[그림75] 광고 노출 지역 설정

③ 요일과 시간대 설정

광고를 노출하고 싶은 요일과 시간대도 설정할 수 있다. 광고 예산이 한정적이라면 불필요한 시간에 광고가 노출되는 것을 막고 효율적으로 운영하기 위해 노출 시간대를 설정해 두는 것이 좋다. 예를 들어 영업 시간 외에 예약이나 상담을 받을 수 없다면 영업 시간 이후에는 광고 노출을 꺼두면 된다.

④ 소재 노출 방식

광고는 성과 기반으로 하는 것이 효율적이다. 하나의 그룹에 여러 개의 광고 소재(광고 제목과 광고 문안)를 작성할 수 있는데, 클릭 수가 더 많은 것이 더 자주 노출되도록 하는 방식이다.

⑤ PC·모바일 입찰 가중치

모바일 입찰 가중치를 120퍼센트로 설정한다면 키워드 입찰가를 100원으로 하더라도 모바일 입찰 가중치를 120퍼센트로 설정했기 때문에 PC는 100원, 모바일은 120원에 입찰된다. 모바일은 특히 경쟁이 치열해 PC 버전 대비 높은 순위를 점하고자 할 때 사용한다.

😊 그룹을 어떻게 나눠야 더 효과적으로 홍보할 수 있을까?

캠페인 내 유사 키워드끼리 묶어 여러 개의 그룹을 함께 운영할 수

그룹	키워드	광고 문안
요가 그룹	종로요가, 을지로요가, 종각요가	종각역 2번 출구, 하타, 빈야사 1:1 수준별 맞춤 진행, 우수한 강사진, 샤워실 완비
필라테스 그룹	종로필라테스, 을지로요가, 종각요가	종각역 2번 출구, 전 강사진 물리치료사 출신, 체형 교정, 재활 필라테스 전문

[도표19] 그룹 나누기 예시

있다. 이 그룹을 키워드와 조합하면 더 매력적인 광고 문안을 만들 수 있다. 예를 들어 요가와 필라테스를 묶어서 광고하는 것보다 그룹을 나누어 광고 문안을 쓴다면 더 많은 방문을 유도할 수 있을 것이다.

☺ 키워드+광고 소재 만들기

검색 광고의 핵심은 '키워드+광고' 소재이다. 고객을 최종적으로 방문시키기 위해서는 바로 키워드와 광고 소재가 필요하다. 키워드를 추가하기 위해서는 먼저 어떤 키워드의 조회 수가 많은지 파악해야 한다. 〈4장. SNS 마케팅의 종류와 활용법〉에서 키워드 도구에 대해 설명했으니 그것을 참고하도록 하자.

키워드를 정했다면 그에 따른 광고비도 따져봐야 한다. 예를 들어 '송도영어학원'을 입력하고 조회하면 그외에도 다양한 연관 키워드가 나올 것이다. 키워드 옆에는 월간 검색량이 있는데 사실상 이것 외에는 크게 관심 갖지 않아도 된다. 집행할 키워드 선택해 왼쪽에 위치한 추가 버튼을 클릭하면 화면 오른쪽 선택한 키워드에 추가될 것이다. 여기에서 월간 예상실적보기를 클릭해 다음 화면으로 넘어가 보자. 입찰가는 최대한 높게 작성하자. 예를 들어 10,000원을 입력하고 조회 버튼을 클릭하면 왼쪽 그래프가 달라질 것이다. 하단에서 그 결과를 확인할 수 있다. 그림76 하단의 입찰가, 예상 노출수, 예상 클릭수, 예상 비용이 그것이다.

왜 10,000원을 입력했는지 간단히 설명하자면 검색 광고, 즉 파워링크의 순위는 입찰가×품질 지수에 의해서 결정된다. 처음에는 최상단 노출 광고의 입찰가를 알 수 없으니 10,000원 정도를 입력해 예상 비용을 추정하는 것이다.

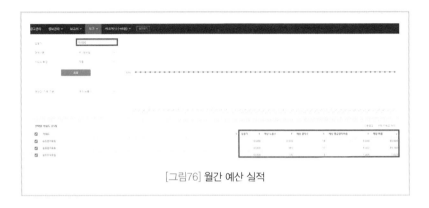

[그림76] 월간 예산 실적

'송도영어학원' 키워드의 최상단 노출은 월 노출 수 2,513회, 클릭 19회, CPC 5,046원, 예상 비용 95,866원으로 확인된다. 물론 지금은 과거 데이터를 기반으로 예상 수치를 보여주기에 실제 집행했을 때와는 차이를 보일 수 있다.

키워드 예산을 알았다면 다음으로 키워드를 추가해 보자. 키워드를 추가하고자 하는 그룹을 클릭하고, 다음 화면에서 새 키워드라는 메뉴를 클릭하면 키워드를 추가할 수 있다.

노출 수가 많은 키워드라면 모르겠지만, 지역상권 중심 사업을 하는 대다수 업체는 '지역+키워드'를 노린다. 여기서 중요한 팁 하나를 주겠다. 앞서 지역 노출을 통해 한정된 지역에서만 광고 노출하는 방법을 알려 주었다. 이는 메인 키워드에서도 동일하게 이용 가능하다.

[그림77] 키워드 추가

그림77을 참고하면 좀 더 이해가 빠를 것이다. 그룹에서 원하는 지역 (예: 송도)을 한정해두고 메인 키워드(예: 미용실)를 등록해 사용하면 해당 지역에만 노출하며 전략적으로 사용 가능하다. 그림78의 왼쪽은 '지역명+키워드'이며, 오른쪽은 '지역설정+메인 키워드'이다.

😊 광고 소재 만들기

광고 문구를 쓰는 것은 사실 그렇게 어려운 일이 아니다. 하지만 광고 소재에 따라 클릭률이 천차만별이라는 점을 생각해야 한다. 어떻게 하면 고객을 더 많이 끌어모을 수 있을까? 이 부분은 배너 광고를 만들 때에도 마찬가지이다. 고객들은 평범한 문장에는 끌리지 않는

[그림78] 지역 키워드 노출 결과

다. 그림79의 두 학원 모두 브랜드 파워가 상당하다. 이렇게 비슷한 조건이라면 분명 광고 문구가 선택에 어느 정도 역할을 할 것이다. 클릭을 이끌어내기 위해서 광고에 방문 혜택, 경쟁 업체와의 차별점, 이벤트 등을 내세울 수 있다. 작은 차이 같지만 클릭률은 곧 고객의 방문과 직결된다는 것을 잊지 말자.

그림79를 보면 메인 광고 문구와 설명글 외에도 이미지와 링크가 노출되어 있음을 확인할 수 있다. 이런 부분을 '확장 소재'라고 한다. 확장 소재는 고객에게 더 주목 받기 위한 수단이라고 보면 된다. 검색

39% 역대급 할인 대학생이 뽑은 선호도 1위

광고

대학생이라면 누구나! 점수보장반 39% 할인 + 수강선물 100% 증정!

진행중이벤트 선생님소개 수강후기 수강신청

어학원 토익학원 대학생 10% 할인이벤트

광고

목표점수 설정하면 개인 맞춤 강의건설팅! 550점부터 850점까지 다-있다!

학원안내 강사소개 수강후기 수강신청

[그림79] 끌리는 광고 문안의 예시

광고에 텍스트만 있는 것보다는 그림80처럼 이미지가 포함된 것이 좀 더 주목을 끌 수 있다. 그리고 모든 광고에 이미지가 있다면 추가 혜택이나 가격 노출에 대한 내용이 있어야 고객을 끌어모을 수 있다.

확장 소재를 만드는 방법은 어렵지 않다. 광고그룹→ 확장 소재→ 확장 소재 추가를 통해 만들면 된다. 다양한 확장 소재가 있는데 이 중 파워 링크 이미지는 꼭 추가하고 그 외에는 상황에 따라 선택하자. 만약 여러 가지를 설정했다면 그중 가장 효율이 좋은 확장 소재가 노출된다.

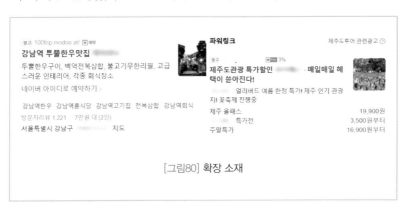

[그림80] 확장 소재

콘텐츠 검색 광고
(파워컨텐츠)

네이버의 여러 콘텐츠 중 가장 막강한 것은 블로그, 카페, 지식iN이다. 그중 블로그가 MZ세대 사용자를 중심으로 부활하고 있다는 소식이 들려온다.

네이버에서 블로그 콘텐츠를 찾아보고 소비하는 이들의 수는 매우 많다. 더 설명하지 않더라도 네이버 블로그의 영향력쯤은 잘 알고 있을 것이다. 네이버 역시 영리를 추구하는 기업으로써 블로그를 통해서 수입을 얻고 싶었을 것이다. 그뿐만 아니라 한 번이라도 블로그를 운영해 봤다면 알겠지만, 블로그 순위를 높이는 것은 여간 어려운 일이 아니다. 특히 같은 정보성 콘텐츠라 하더라도 기업에서 올리는 포스팅은 개인 블로그의 그것에 비해 정보 제공 위주다 보니 재미가 없어진다. 때문에 인지도 있는 브랜드나 파격적인 블로그가 아니라면 방문자 수는 그리 높지 않을 것이다. 하지만 여전히 기업들은 블로그를 통해 자사 제품과 서비스를 홍보하고 싶어 한다. 그래서 네이버에

[그림81] 콘텐츠 검색 광고

서는 콘텐츠 검색 광고를 만들어서 VIEW 영역 첫 페이지에 광고할 수 있도록 운영하고 있다.

콘텐츠형 광고는 검색 광고처럼 모든 키워드를 사용할 수 없다. 내가 원하는 키워드가 리스트에 있는지 파악한 후 진행해야 한다. 키워드 리스트를 찾는 방법은 네이버 광고 관리시스템 메인에서 광고소개를 클릭하고 콘텐츠검색광고로 이동해 파워콘텐츠 키워드 리스트 다운로드에서 찾을 수 있다.

지역명이 포함된 키워드로 광고를 진행하려고 키워드 리스트를 찾아보다가 '콘텐츠형 검색 광고 키워드가 적다면 책에서는 소개하지 말아야지'라고 마음먹었는데, 의외로 지역명을 포함한 다양한 키워드가 있었다. 아직 이 사실을 모르는 이들이 많으니 저렴한 비용으로 광고할 수 있을 것이다. 콘텐츠형 검색 광고의 키워드 리스트는 주기적으로 업데이트되고 있다. 만약 이 책을 통해 콘텐츠형 광고를 알게 되었다면 남들보다 먼저 시작해 보자. 아무도 광고하지 않는 키워드라면 클릭당 70원으로 노출 가능하다.

키워드	대분류	중분류
대구컴퓨터수리	IT/텔레콤	IT수리/관리서비스
대구아이폰수리	IT/텔레콤	IT수리/관리서비스
대구가구	가정/생활	가구
대구사무용가구	가정/생활	가구
대구댄스학원	레저스포츠/취미	강습/프로그램
대구필라테스	레저스포츠/취미	강습/프로그램
대구철거	전문서비스	건축/시공/설비
대구누수	전문서비스	건축/시공/설비
대구주택수리	전문서비스	건축/시공/설비
대구누수탐지	전문서비스	건축/시공/설비
대구공무원학원	교육/취업	고시학원
대구국비지원	교육/취업	국비지원/평생교육
대구국비지원학원	교육/취업	국비지원/평생교육
대구직업전문학교	교육/취업	국비지원/평생교육
대구국비지원무료교육	교육/취업	국비지원/평생교육
대구부부상담	전문서비스	기타

[도표20] 콘텐츠형 검색 광고 키워드 리스트

콘텐츠형 광고의 형태를 알고 있다면 짐작했겠지만, 콘텐츠형 광고는 네이버 블로그, 포스트, 카페를 통해 진행할 수 있다. 카페보다는 블로그에서 진행하는 경우가 대부분이다.

먼저 광고를 만들기 전, 광고를 노출할 블로그에 포스팅을 해야 한다. 아무 글이나 검수받으면 안 된다. 키워드 리스트를 보며 키워드를 선택한 후 그와 관련된 글을 작성해야 한다. 키워드와 관련 있다고 해서 첫 줄부터 홍보성 짙은 글을 작성하면 검수를 통과할 수 없다.

네이버 가이드에 따르면 콘텐츠형 검색 광고 포스팅 작성 시 전체 포스팅의 1/2 이후부터 홍보를 시작할 수 있다. 예를 들어 '부산사무용가구'가 이 글의 키워드라고 가정하자. 그렇다면 글 초반에는 최근에는 소형사무실이 대세라는 이야기나 인기 있는 사무용 가구 순위 등을 설명한다. 그리고 글 중반부터 업체명을 노출하면서 타사와의 차별점과 혜택을 제시하고, 주소, 전화번호, 홈페이지 등을 노출해야 한다. 평소 블로그를 많이 이용해 보았다면 어렵지 않게 작성할 수 있다.

광고 노출에 쓰일 블로그 포스팅은 가능한 한 간략하게, 핵심적으로 작성하는 것을 추천한다. 글이 길어지면 다 읽지 않고 나가버릴 수도 있기 때문이다. 콘텐츠형 검색 광고의 목적은 무엇인가? 고객이 방문했다고 무조건 좋은 것이 아니다. 해당 포스팅을 보고 액션(사이트 방문, 유선 연락 등)으로 이어질 수 있도록, 우리 브랜드를 기억하도록 만들어야 한다.

[그림82] 블로그 하단 업체 정보 노출 예시

콘텐츠형 검색 광고는 VIEW 영역에 노출되니 파워링크와 같이 메인에 노출되는 광고와 비교해 클릭 수가 적을 것이라고 생각하는 분들이 있다. 물론 키워드마다 차이는 있지만 클릭 수가 파워링크 못지않게 잘 나오는 키워드도 여럿 있으며 직접 광고 대행을 진행해 보기도 했다. 특히 여성들이 주로 검색하는 키워드는 오히려 파워링크보다 클릭 수가 더 많이 발생할 수도 있다. 이러한 콘텐츠형 검색 광고는 키워드당 단가가 파워링크보다 저렴하다는 장점이 있다.

키워드 선정과 광고용 포스팅을 마쳤다면 다음으로 광고 소재를 만들어서 광고를 집행해야 한다. 이미 파워링크 세팅을 해 보았으니 어렵지 않을 것이다.

☺ 캠페인과 그룹 만들기

캠페인 유형 선택에서 파워컨텐츠 유형을 클릭하자. 나머지 과정은 파워링크와 동일하니 참고하자.

그룹도 파워링크의 그룹 세팅 방법과 같지만 URL 설정 부분이 조금 다르다. URL의 경우 광고주가 직접 소유와 제3자의 제공 중 선택해야 하는 부분이 있다. 즉 콘텐츠형 검색 광고는 꼭 내가 소유한 블로그나 포스트가 아니더라도 인플루언서에게 의뢰해 진행할 수도 있다. 다만 인플루언서가 작성한 포스팅도 네이버 콘텐츠형 검색 광고 가이드에 맞추어 작성되어 있어야 한다.

[그림83] 콘텐츠형 검색 광고 URL 세팅

😊 광고 만들기

앞서 얘기한 대로 아무 키워드나 사용할 수 있는 것이 아니라 네이버에서 이미 지정해둔 키워드 리스트에 있는 것만 사용 가능하다. 키워드를 추가하는 것은 그리 어렵지 않다.

콘텐츠형 검색 광고의 경우 광고 소재에서 반려되는 경우가 많다.

포스팅을 작성한 쪽에서는 광고할 키워드를 염두에 두고 작성하니 관련도가 높다고 생각할 수 있겠지만, 검수를 하는 쪽에서 그렇게 느끼지 못한다면 반려된다. 그래서 포스팅할 콘텐츠와 키워드 사이의 관련도를 높이기 위해서라도 광고할 키워드를 꼭 글 속에 넣어두는 것이 좋다. 그리고 하나의 콘텐츠에 여러 키워드를 넣기 보다는 매칭되는 키워드만 한 그룹으로 묶어 광고하고 나머지는 따로 모아 새로운 그룹으로 광고하는 것을 추천한다. 또 너무 오래된 포스트는 잘 읽지 않으니 시간이 지나면 다른 소재로 교체해 주는 것을 추천한다.

[그림84] 콘텐츠형 검색 광고 소재 만들기

제목은 가능한 한 블로그 콘텐츠 제목과 동일하게 작성하고, 설명

부분은 블로그 글의 핵심 내용, 즉 클릭을 유도할 수 있을 만한 내용으로 작성하면 된다. 포스팅에 없는 내용을 작성하면 반려될 가능성이 크니 주의하자.

소재를 등록할 때 이미지를 함께 등록해야 하는데 노출될 이미지에 반드시 텍스트가 있으면 반려되니 텍스트가 없는 이미지를 준비하자.

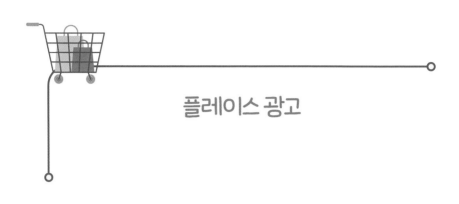

플레이스 광고

[그림85] 네이버 플레이스 광고(네이버 지도 애플리케이션(좌), 모바일 네이버(우))

사업을 하면 대부분 매장이나 사무실을 갖추고 있다. 네이버 지도 노출이 필요한 업체들은 당연히 네이버 플레이스에 사업장을 등록해 뒀을 것이다. 특히 고객 방문이 필수인 곳들은 네이버 플레이스의 의존도가 높은 편이다. 그런데 인기 있는 업체만 상단에 노출되고, 신규 등록 업체는 순위가 밀려 하단에 노출된다. 상단 노출을 위해 불법적인 일도 많이 일어난다. 네이버에게는 이것이 수익이 되므로 플레이스 상단 노출할 수 있는 광고를 만들었다.

플레이스 광고의 경우 파워링크와 마찬가지로 CPC 입찰 경쟁이므로 광고비가 풍부한 업체에게 유리할 수밖에 없다. 하지만 플레이스 광고는 키워드를 결정하지 못한다. 검색 AI가 사용자의 검색어와 플레이스에 등록된 업종, 매장 위치, 설명글 등을 매칭해 광고를 노출시키는 것이기 때문에 내가 의도하지 않은 키워드에서도 노출될 때도 많다. 때문에 광고를 걸어두고 방치하면 광고비가 의미없이 소진될 수도 있으니 이를 전략적으로 관리해야 한다. 그 방법은 알고 보면 정말 간단하니 조금만 신경 쓰면 광고비를 아낄 수 있다. 그럼 이제 플레이스 광고 게시 및 관리 방법을 알아보자.

😀 캠페인과 그룹 만들기

먼저 캠페인에서 플레이스 유형을 선택하고 그룹으로 넘어가 보자. 플레이스에서 검색을 선택한 후 스마트 플레이스 업체 정보 연동을 위해 인증을 해야 한다. 다음으로 고급옵션 부분을 보면 파워링크와는

[그림86] 플레이스 광고 그룹

조금 다르다는 것을 금방 알 수 있을 것이다. 우선 지역은 굳이 설정하지 않아도 지역명+키워드 또는 키워드 검색 시 위치 기반으로 해당 지역에서만 노출된다. 파워링크와 다른 부분은 바로 타깃 설정이 가능하다는 점이다. 연령과 성별을 설정할 수 있는데, 노출이 불필요한

참고

'알 수 없음'이란?

플레이스 타깃 설정에는 '알 수 없음'이라는 항목이 있는데 이는 로그인하지 않은 이용자들을 뜻한다. 로그인하지 않고 이용하는 이들이 제법 많기 때문에 이 항목을 꺼두는 것은 좋지 않은 선택이다.

연령대에는 노출되지 않도록 꺼두는 것이 좋다. 반대로 집중적으로 노출하고 싶은 연령대나 성별에는 입찰가중치를 좀 더 높이면 된다.

😊 소재 만들기와 제외 키워드 추가

① 소재 만들기와 입찰

플레이스 광고는 앞서 설명한 것처럼 키워드 등록이 필요 없다. 소재 만들기를 통해 소재만 등록하면 된다. 소재를 만드는 것도 어렵지 않다. 먼저 플레이스에 등록된 내용을 그대로 불러온다. 그리고 홍보 글과 이미지 정도만 등록하면 끝이다. 파워링크나 콘텐츠형 검색 광고와는 달리 키워드별 입찰가를 설정하지 않아도 된다. 플레이스 광고의 경우 그룹 입찰가를 따라가니 광고를 진행해 보고 노출 정도가 마음에 들지 않는다면 그룹 입찰가를 조금씩 올리면서 노출되는지 확인해야 한다.

② 노출 키워드 확인과 제외 키워드를 통한 키워드 관리

내 광고가 어떤 키워드에서 노출되는지 궁금할 것이다. 플레이스 광고는 키워드를 따로 설정하지 않고, 네이버 AI가 알아서 노출시켜 주기 때문에 노출이 된 키워드 정보는 하루 정도 지나야 확인 가능하다. 그럼 이제 키워드 확인 방법과 제외 키워드를 설정 방법을 살펴보자.

먼저 제외 키워드를 클릭한 후 제외 키워드 추가를 선택하면 노출되었던 키워드를 확인할 수 있다. 광고 한 바로 다음 날에는 노출된 키워드 수가 적다. 하지만 1개월 정도 지나면 꽤 많은 노출 키워드가 확인

될 것이다. 아래의 그림88은 송도에 위치한 한 키즈카페의 노출 키워드인데, 'VR카페'나 '화성키즈카페' 같은 불필요한 키워드가 확인된다. 처음에는 이보다 많아 한 번 정리했는데 2~3주가 지나니 또 다시 불필요한 키워드가 확인되었다. 이처럼 불필요한 키워드는 그림87과 같이 **선택한 키워드**에 모아 노출되지 않도록 정리한다. 최대 70개까지 추가할 수 있으니 불필요한 키워드 중에서도 노출이나 클릭이 많이 발생한 것을 중심으로 정리하면 된다. 이렇게 키워드를 정리하면 불필요한 광고비를 내지 않아도 된다. 이 작업은 적어도 한 달에 한 번씩은 꼭 하길 비린다.

[그림87] 플레이스 제외 키워드 추가

지역 소상공인 광고

　지역 소상공인 광고는 네이버 플레이스 광고 등장 전 지역 소상공인을 위해 시행되던 광고이다. 이는 플레이스 광고에 비해 효율이 조금 떨어지며, 네이버의 콘텐츠 영역에 노출되는 배너 광고 형태이다. 사용자가 검색을 통해 찾는 플레이스와 달리 무작위로 노출되기 때문에 지역 주민에게 브랜드명은 알릴 수 있을지 몰라도 클릭을 유도하기는 어렵다. 네이버에서도 그것을 알고 있는지 과금 방식을 노출당 비용으로 책정했다. 노출당 비용이 1원이라고는 하지만 이것이 쌓이면 절대 적은 비용이 아니다. 배너 광고를 한 번이라도 해봤다면 충분히 공감할 것이다. 게다가 타 배너 광고에 비해 그다지 눈에 띄지도 않는다. 때문에 이제 막 개업해 주변의 많은 이들에게 이름이라도 알리는 것이 목적이라면 한번쯤 해볼 만한 광고다.

　광고 세팅은 어렵지 않다. 광고 만들기의 캠페인에서 플레이스 유형을

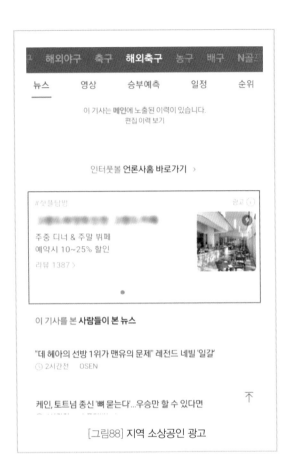

[그림88] 지역 소상공인 광고

선택한다. 다음으로 그룹으로 넘어가 지역 소상공인 광고를 선택한 후, 예산과 지역설정, 광고시간대, 타깃성별을 선택하면 끝이다. 소재도 스마트 플레이스와 연동되어 자동으로 만들어지니 별도로 만들지 않아도 된다.

쇼핑 검색 광고

네이버쇼핑 검색 광고는 네이버쇼핑 검색 결과 상단에 노출된다. 네이버쇼핑의 경우 검색 결과 첫 페이지 중에서도 상단에 노출되어야 결과가 좋은 편이다. 평균적으로 100명의 고객이 방문한다면 구매하는 고객은 그중 2~3퍼센트에 불과하다. 방문자 수가 더 높다면 어떨까? 당연히 판매도 늘어날 수밖에 없다. 물론 첫 페이지에 있다고

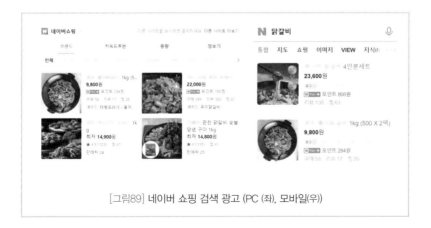

[그림89] 네이버 쇼핑 검색 광고 (PC (좌), 모바일(우))

해서 무조건 판매로 이어지는 것은 아니다. 고객의 구매 결정에 큰 몫을 하는 것은 상세 내용과 후기이다. 하지만 아무리 좋은 제품이라도 고객이 구매하지 않는다면 아무 의미 없다. 판매가 많이 이루어지기 위해서는 무엇보다 방문자 수가 많아야 한다.

네이버쇼핑 검색 광고는 플레이스 광고와 마찬가지로 키워드를 고를 수 없다. 상품 등록 시 지정한 카테고리, 상품명, 브랜드 등을 네이버 AI가 조합해 사용자가 검색한 키워드와 매칭시켜 준다. 때문에 파워링크처럼 사용하고 싶은 키워드를 마음껏 사용할 수 없다.

하지만 방법이 아예 없는 것은 아니다. 조금 편법이기도 하고 네이버의 상품명 작성 추천 가이드에서 벗어난 것이긴 한데, 그림90과 같이 노출하고자 하는 키워드를 상품명에 포함시키면 원하는 키워드에 노출시킬 수 있다. 하지만 모든 키워드에서 노출되는 것은 아니다. 스마트스토어 파트(〈5장. 그 외 다양한 홍보 채널〉)에서 설명했듯 키워드와 상품을 매칭할 때는 우선적으로 카테고리와 매칭을 한다. 만약 노출하고 싶은 키워드가 다른 카테고리에 속해 있다면 매칭이 되지 않는다.

플거로 만든 비건 보습 임산부튼살 아로마 마사지 셀룰라이트 탄력 관리 페이스 바디오일 100ml

광고ⓘ **25,200원**

화장품/미용 · 바디케어 · 바디오일

피부타입 : 모든피부용   용량 : 90ml(g)   주요제품특징 : 향, 촉촉함(수분공급), 흡수력

환판기념 최대65%세일

리뷰 598 · 구매건수 695 · 등록일 2021.03. · ♡ 찜하기 635 · ⚠ 신고하기

[그림90] 쇼핑 검색 광고, 상품명에 키워드 넣기

예를 들어 '페이스오일'을 검색한 이에게 그림90의 제품을 보여주고자 상품명에 '페이스오일'을 넣었지만, 이 상품은 '바디오일' 카테고리에 속해 있기 때문에 '페이스오일' 검색 결과에 노출되지 않는다.

네이버쇼핑 검색 광고도 키워드를 선택하지 못하므로 매칭도가 떨어지는 키워드에 노출될 확률이 높다. 그래서 사용하는 방법이 바로 플레이스와 마찬가지로 제외 키워드를 설정하는 것이다. 그런데 노출이 적은 세부 키워드(지역명+키워드)가 많이 검색되는 플레이스와 달리 쇼핑 검색 광고는 검색이 많은 메인 키워드에 많이 노출된다. 때문에 광고 예산이 한정적이라면 노출은 좀 적더라도 메인 키워드를 제외하고 경쟁력 있는 키워드만 남겨두는 전략으로 승부해 보는 것이 좋다.

쇼핑 검색 광고는 앞서 살펴본 광고처럼 캠페인-그룹-소재로 나뉘는데 세팅 부분은 다른 광고들과 동일하니 다른 부분에 대해서만 설명하겠다.

😊 그룹 유형

그룹 유형은 세 가지로 나뉘지는데, 일반적으로 쇼핑 검색 광고라고 부르는 것은 '쇼핑몰 상품형'이다. '제품 카탈로그형'이나 '쇼핑 브랜드형'은 공식 브랜드로 네이버에 등록된 업체만 사용할 수 있다.

😊 소재 등록

쇼핑 검색 광고는 이미 네이버쇼핑에 등록된 상품을 불러와 소재

[그림91] 쇼핑 검색 광고-그룹 유형

로 사용할 수 있다. 그래서 소재 등록할 때 상품명을 검색하면 노출할 상품이 검색 결과에 나온다. 해당 상품을 추가하여 등록하면 끝이다.

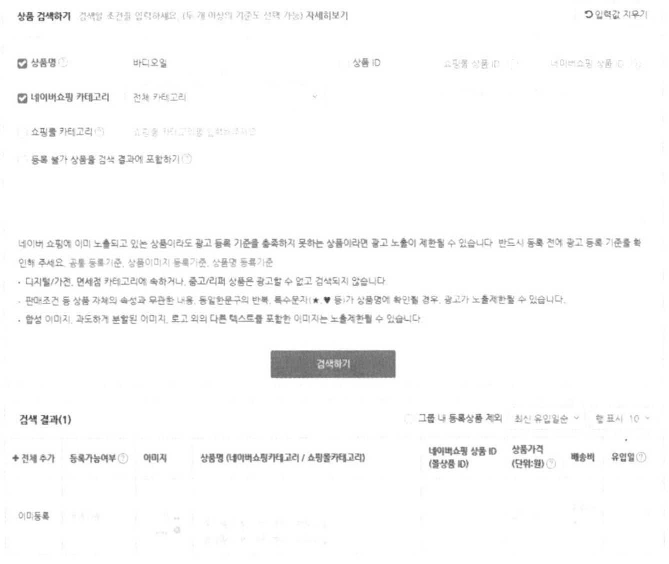

[그림92] 쇼핑 검색 광고- 소재 등록

예를 들어 한 매장에서 '부대찌개 1인분 세트', '부대찌개 4인분 세트' 이렇게 두 상품을 별도 등록했는데 모두 노출하고 싶다면 모두 추가하여 노출하면 된다. 쇼핑 검색 광고의 경우 소재별로 입찰가를 작성하는데 상위에 노출하고 싶은 상품은 입찰가를 좀 더 높게 책정하면 된다.

😊 무료 배송 여부, 리뷰, 구매건수, 찜하기를 함께 노출하는 방법

국탕찌개 450g 4봉 골라담기(4종 택2)/미역국,나주곰탕,육개장,부대찌개
광고ⓘ **17,800원**
식품 · 냉동/간편조리식품 · 즉석국/즉석탕
중량 : 450g 보관방법 : 실온보관
등록일 2022.02. · ♡ 찜하기 87 · 🔒 신고하기

김치찌개, 스팸부대찌개 5종 선택
광고ⓘ **3,720원**
식품 · 냉동/간편조리식품 · 즉석국/즉석탕
리뷰 630 · 구매건수 2,282 · 등록일 2021.10. · ♡ 찜하기 71 · 🔒 신고하기

[그림93] 쇼핑 검색 광고- 무료배송 여부, 리뷰, 구매건수, 찜하기 노출

그림93에서 위쪽 상품은 리뷰가 있는데도 불구하고 찜하기만 노출되는 반면, 아래의 제품은 리뷰, 구매건수, 찜하기가 모두 노출되고 있다. 이처럼 네이버 소재 등록에서 노출 여부를 설정할 수 있는데 많은 이들이 놓치고 있다. 고객 입장에서는 아무도 선택하지 않은 상품보다는 다수가 선택한 상품에 더 눈길이 가기 때문에 해당 부분을 꼭 노출시키는 것을 추천한다.

[그림94] 쇼핑 검색 광고- 무료 배송 여부, 리뷰, 구매건수, 찜하기 노출 방법

이를 설정하는 방법 자체는 매우 간단한데 설정하는 곳이 눈에 잘 띄지 않는 것이 문제다. 등록한 소재의 하단에 보면 **상세보기**라는 버튼이 보인다. 이것을 클릭하고 다음 페이지로 넘어가면 그림95처럼 상단에 상품만 보여 잘 모르고 넘어가는 경우가 많다. 하지만 조금만 스크롤을 내려보면 **확장 소재**가 보인다. 새확장소재를 클릭하고 **쇼핑 상품 부가 정보** 부분을 클릭해 추가 등록하면 리뷰, 구매건수 등을 노출할 수 있다.

온라인 광고 용어 알고가기

온라인 광고 용어도 모른 채 마케팅을 할 수는 없다. 용어를 배우는 데 전문 지식이 필요한 것도 아니니 개념 정도라도 익히자. 광고대행사에 일을 맡기더라도 기초적인 상식은 있어야 하지 않겠는가?

용어	설명
노출 수	광고가 노출된 횟수를 의미한다.
CPC(Cost Per Click)	노출에 관계 없이 한 번 클릭이 일어날 때마다 소진되는 비용을 뜻한다. 검색 광고가 대표적인 CPC 광고이며, 많은 CPC 광고가 실시간 입찰 경쟁으로 가격이 변동된다.
CPM(Cost Per Mille)	노출 수 1,000회에 따른 과금 비용을 뜻한다. 예를 들어 CPM 2,000원인 광고는 1,000회 노출되었을 때 2,000원인 셈이다.
CPP/CPT	CPP는 노출이나 클릭과 상관없이 기간(보통 일주일 단위)으로 과금이 산정되는 광고이며, CPT는 시간당 과금되는 광고이다.
CPA(Cost Per Action)	액션(회원가입, 이벤트 참여 등)당 과금되는 광고이다.
CPV(Cost Per View)	조회당 과금 비용을 뜻한다. 유튜브처럼 노출 수나 클릭 수와 무관하게 영상이 일정 시간 이상 재생되었을때 1회당 지불하는 광고비를 말한다.
CTR(Click Through Rate)	광고 노출 수 대비 클릭된 비율을 의미한다.
입찰가	클릭 1회당 지불 가능한 최대 금액을 말한다.
품질지수	광고 품질을 나타내는 지표로, 등록한 광고가 검색 사용자들에게 얼마나 유용한지, 얼마나 높은 성과를 내고 있는지가 반영된 지수를 의미한다. 참고로 CPC 광고 시 품질지수가 높으면 CPC를 적게 내고 높은 순위를 유지할 수 있다.
T&D (Title& Description)	키워드 광고 소재 중 제목(Title)과 설명문구(Description)를 의미한다.
전환	구매, 회원가입 등 전환이 발생한 데이터를 말한다.

랜딩페이지	광고를 클릭했을 때 연결되는 페이지를 의미한다.
ROAS (Revenue on Ad Spending)	광고비 지불을 통해 광고주가 얻은 매출을 의미한다. ROAS= 광고주 매출액÷광고비×100
ROI (Return On Investment)	광고비 지불을 통해 광고주가 얻은 이익이나 효과를 의미하며, 로그 분석 등을 통해 측정할 수 있다. (판매이익/광고 비용)

[도표21] 온라인 광고 용어

7장

온라인
광고
Part
2

배너 광고

검색 광고 다음으로 알아볼 광고는 배너 광고이다. 배너 광고라고 하면 비용이 많이 들 것 같지만, 사실은 그렇지 않다. 물론 네이버 PC 버전 메인 광고나 로그인 화면 하단 배너 광고 등 비용이 많이 들어 가는 광고도 있다. 네이버 PC 버전의 타임보드(메인 광고)는 시간 단위로 가격이 책정되는데 1시간 노출에 최대 3,000만 원 정도이며, 모바일 네이버 첫 화면에 나오는 광고는 2시간 노출에 4,000만 원 정도이다. 이런 광고는 소상공인에게는 적합하지 않다.

디스플레이 광고의 장점은 단기간에 많은 이들에게 내 브랜드를 홍보할 수 있다는 것이다. 검색 광고를 떠올려 보자. 고객이 키워드를 검색하지 않으면 노출의 기회도 없다. 예를 들어 개업 홍보를 하고 싶을 때 전단을 돌리는 방법도 있지만, 그보다 네이버 모바일 버전 메인에 지역을 한정하여 광고하는 편이 훨씬 효율적이다. 이렇듯 온라인 광고를 활용하면 단기간에 많은 고객을 모을 수 있다. 또 유명하지 않아 키워드 조회 수가 적은 업체라 이 경우에야말로 배너 광고가 제격이지 않을까?

배너 광고를 그저 값비싼 광고라고 오해하면 오산이다. 이는 CPC 형태이므로 오히려 적은 예산으로 큰 효과를 볼 수 있다. 때문에 소상공인도 충분히 진행해 볼 만한 광고라고 여겨진다.

지금부터 네이버, 카카오톡 상단, SNS 등에 광고하면서 비용을 효과적으로 사용하는 방법을 소개하고자 한다. 이런 광고에는 비슷한 특징이 있다.

우선 과금 방식은 검색 광고와 마찬가지로 CPC이다. 물론 CPC 외에 CPM 과금으로 진행할 수도 있지만, 단기간에 많은 사람들에게 홍보해야 하는 경우가 아니라면 배너 광고를 클릭했을 때 과금되는 CPC가 훨씬 효율적이다. 요즘은 온라인상에 너무나도 많은 광고가 노출되어 있어 사람들이 이에 피로함을 느끼고 평소에 관심 있던 제품이 아니거나 웬만큼 파격적인 광고가 아니라면 잘 클릭하지 않는다. 그래서 대부분의 배너 광고가 CPC 과금 방식으로 변경되었다.

다음으로 광고 소재 만들기가 쉽다. 예전에는 화려하고 퀄리티가 대단히 좋은 배너 광고가 많았다면 요즘은 점점 텍스트를 강조해 클릭을 유도하는 방식으로 변화하고 있다. 최근에는 이미지 3~4컷과 카피만 있으면 자동으로 생성되는 배너도 많아졌다.

마지막으로 가장 중요한 것은 타깃 설정이 가능하다는 점이다. 앞서 말한 것처럼 온라인 광고의 포인트는 '노출'이 아니라 '효율'이다.

제품을 구매해 줄 만한, 또는 회원가입을 할 만한 고객을 찾아서 광고하는 것이 중요하다. 즉 불특정 다수에게 노출하기보다는 명확한 타깃에게 광고를 노출해 구매나 회원가입으로 유도하는 것이다. 따라서 타깃 설정에 따라 광고의 성과는 달라진다. 예를 들면 매장 주변 지역에 배너 광고를 집중하는 것이 광고 지역을 전국으로 설정해 누구에게나 광고하는 것보다 유리하다.

네이버 성과형 디스플레이 광고
GFA

최근 네이버 모바일 버전에 노출되는 배너 광고를 보면 네이버 PC 버전 메인에 노출되는 광고에 비해 생소한 중소 브랜드가 많이 보인다는 사실을 알 수 있을 것이다. 구글, 페이스북 등 해외 기업과 비교하면 시작이 좀 늦었지만, 국내에도 다양한 CPC 배너 광고 업체가 생겨나면서 대형 매체인 카카오와 네이버도 뒤늦게 CPC 배너 광고를 운영하게 되었다.

[그림95] 네이버 GFA 배너 광고(스마트채널(좌), 네이버 메인(중앙), 네이버 서브(우))

네이버의 배너 광고는 인기가 많지만, 광고비가 비싸다는 장벽이 있었는데, 2019년 4월 네이버 성과형 디스플레이 광고가 출시되면서 중소기업 광고주들도 모바일 네이버 상단 광고를 할 수 있게 되었다.

네이버 성과형 디스플레이 광고(https://gfa.naver.com/)는 보통 GFA(Glad For Adveriser)라고 부른다. 노출 형태는 총 4가지로 나누어지며 이는 '스마트채널', '네이버 메인', '네이버 서브', '밴드'이다.

스마트채널의 경우 상단에 노출되는 광고이다 보니 다른 세 가지에 비해 경쟁도 치열하고 광고비도 조금 더 비싼 편이다. 하지만 배너를 만드는 방법이 매우 간단히고 눈에 잘 띄는 광고이니 충분히 해볼 만한 광고라고 생각한다.

네이버 메인 광고와 네이버 서브 광고의 경우 화려한 이미지형 배

[그림96] 네이버 GFA 배너 광고 (네이버 밴드(좌), 네이버 메인, 네이티브 소재(우))

너를 제작하는 것이 다소 어렵게 느껴질 수 있다. 하지만 네이버에서 이러한 문제를 겪는 중소기업 광고주들을 위해 이미지 한 장과 텍스트만으로 손쉽게 광고를 만들 수 있는 네이티브 광고를 마련해 두었다.

GFA 광고가 노출되는 네이버 밴드(BAND)에 대해 알아보자. 밴드는 타 SNS에 비해 이용 연령층이 높은 편이다. 그리고 예상외로 이용자 수가 많다. 인스타그램과 페이스북이 좋아요와 댓글, 게시물 등으로 소통하는 개인 공간이라면 밴드는 소모임 공간이다. 내가 밴드를 시작하게 된 계기는 동창 모임 때문이었다. 밴드에 노출되는 광고는 보험 광고, 치과나 정형외과 등의 병원 광고로 연령층이 높은 이들을 타깃팅한다. 이처럼 타깃 연령대가 높다면 네이버 GFA 광고 중에서도 밴드를 선택해 보면 좋은 효과를 거둘 수 있을 것이다.

☺ GFA 광고-목적 정하기

GFA 광고 과정은 검색 광고와 마찬가지로 캠페인-광고 그룹-광고 소재 3단계로 나눠진다.

우선 캠페인 목적에서 웹사이트 전환, 웹사이트 트래픽, 앱 설치, 동영상 조회, 카탈로그 판매 이렇게 5가지 목록을 확인할 수 있다.

쇼핑몰을 운영하는 소상공인이라면 이 중 웹사이트 전환을 선택해 구매 유도 광고를 할 수 있다. 하지만 스마트스토어는 구매 전환을 추적할 수 없기에 웹사이트 전환 방식을 사용할 수 없으니 참고하자. 클릭을 유도해 홈페이지 방문케 하는 광고를 원한다면 웹사이트 트래픽을 선택하자.

[그림97] 네이버 GFA 캠페인 목적

카탈로그 판매는 최근 새로 추가된 것으로 '브랜드스토어'를 운영하는 광고주들을 위한 시스템이다. 앞서 스마트스토어는 구매 전환 추적이 불가능하다고 설명했는데, 이를 보완한 광고라고 생각하면 된다. 우선 스마트스토어를 개설한 후 〈5장. 그 외 다양한 홍보 채널〉에서 설명한 것처럼 브랜드 승인을 받고 브랜드스토어를 개설해야 하기에 절차가 조금 까다롭다고 느껴질 수 있다. 하지만 카탈로그 판매를 신청하면 추적이 가능해져 광고 성과를 확인할 수 있다는 장점이 있다.

☺ GFA광고-맞춤 타깃 정하기와 게재 위치

광고 목적을 정했다면 다음 단계는 광고 전략이다. '어디에서', '누구에게' 광고를 보여 줄 것인가를 세팅하는 것이다. 광고 그룹에서 가장 중요한 부분은 타깃과 게재 위치를 정하는 것이다.

① 게재 위치

게재 위치에 따라 소재 타입이 달라진다.

소재 타입	광고 소재	노출 가능 게재 위치
이미지 배너형	스마트채널 DA	네이버>스마트채널
		네이버패밀리매체>스마트채널
	모바일 DA	네이버>배너 영역>네이버 메인
		네이버>배너 영역>서비스 통합
네이티브 배너형	모바일 DA 네이티브	네이버>배너 영역>네이버 메인
		네이버>배너영역>서비스 통합
	PC DA 네이티브	네이버>배너 영역>네이버 메인
		네이버>배너 영역>서비스 통합
네이티브 피드형	모바일 DA 피드	네이버 > 피드 영역
		네이버패밀리매체>피드 영역

[도표22] 광고 게재 위치에 따른 소재 분류

② 타깃 설정

타깃 설정은 거의 모든 배너 광고에서 사용된다. 먼저 나이, 성별, 지역을 구분하는 데모 타깃이 있다. 이 부분은 누구나 어렵지 않게 설정 가능하다. 좀 고민을 해 봐야 하는 부분이 바로 상세 타깃 부분이다. 타깃 세그먼트(타깃 분류) 방법은 배너 매체마다 기준이 조금씩 다르다. 각 매체의 특징에 맞게 분류되어 있으니 타깃을 설정할 때 꼼꼼히 살펴보고 설정해야 한다.

참고로 네이버의 경우 관심사와 구매 의도로 나뉜다. 평소에 사용자가 많이 보는 콘텐츠나 네이버쇼핑에서 관심 있게 보고 구매하는 제품을 바탕으로 고객을 분류해 타깃팅한다.

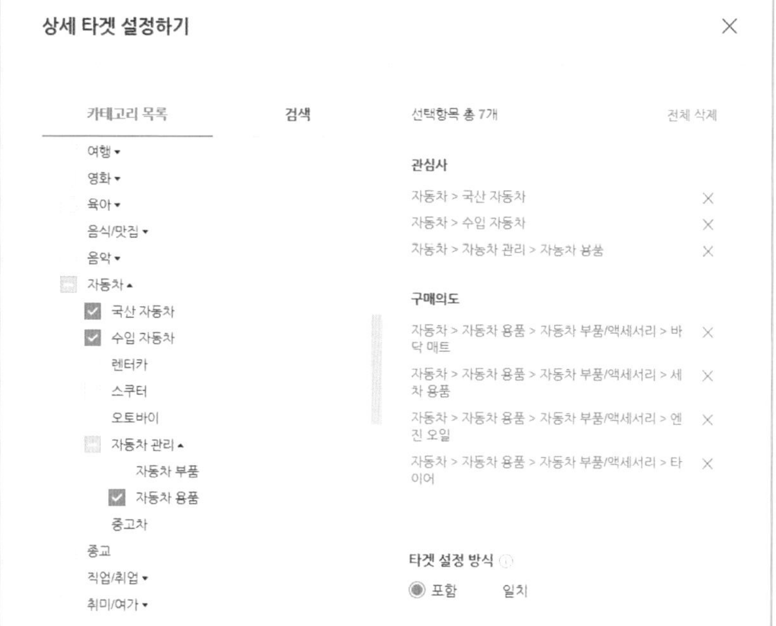

[그림98] 네이버 GFA 그룹—상세 타깃 설정

③ 타깃 도달 범위와 광고비

타깃을 너무 세세하게 설정하면 광고 노출률이 많이 떨어진다. 때문에 타깃 설정 후에는 꼭 예상 도달 수를 체크해야 한다. 예상 도달 수가 적으면 그만큼 광고가 적게 노출될 뿐더러 클릭될 확률도 낮다. 그리고 타깃 세분화를 많이 하면 광고비가 조금 비싸진다.

광고비는 광고 소재, 게재 위치, 타깃에 따라 달라진다. 예를 들어서 네이버 모바일 버전 메인 영역에 주부를 타깃으로 하여 이유식 광고를 진행한다고 하자. '첫 주문 시 70퍼센트 할인해 드립니다.' 이것을 카피로 한다면 당연히 클릭률이 높아질 것이다. 여기에 광고 게재 위치, 타깃, 소재까지 3박자가 잘 맞아 떨어진다면 운영 점수가 높아져 타사 대비 광고비가 낮게 책정된다. 그러니 광고 소재가 괜찮다면 타깃을 조정하거나 게재 위치를 조정해 운영점수를 높이는 방법을 택해야 한다. 그래서 처음에 하나의 소재로 여러 타깃을 세팅해 보며 그룹별 비교해 보는 방법도 있다.

초기 세팅 후 광고가 잘 노출되지 않는다면 우선 그룹의 CPC를 높여 보자. 참고로 스마트채널의 경우 평균 800~1,000원 정도로 세팅해야 한다. 아무래도 메인이다 보니 인기가 높아 평균 CPC가 높게 책정되어 있다.

😊 GFA 광고-광고 소재

이제 배너 광고의 마지막 관문인 광고 소재다. 광고 소재는 그룹에서 결정한 광고 노출 위치에 따라서 등록할 수 있는 배너 소재가 달라진다. 먼저 스마트채널 이미지부터 살펴보자.

스마트채널은 소재 타입에서 이미지 배너를 선택한 후 광고 이미지에서 이미지 추가를 클릭하면 새로운 창이 뜬다. 스마트채널 이미지 만들기라는 메뉴를 클릭하면 그림99와 같이 소재를 만들 수 있다.

누끼형 이미지 타입과 섬네일형 이미지 타입 두 가지가 있는데 누끼형 이

미지는 포토샵을 다룰 줄 모른다면 만들기 어려우니 간편한 섬네일형 이미지를 선택해 광고 소재를 만들어 보자. 가로로 찍은 매장 전경 사진이 있다면 이를 추가하고, **설명 문구1**과 **설명 문구2**를 추가하면 된다. 글자 수가 제한적이니 카피를 짧게 잘 쓰는 것이 핵심이다.

[그림99] 네이버 GFA 스마트채널 소재 만들기

네이티브 소재는 스마트채널만큼이나 만들기 쉽다. 일반적으로 네이버에 노출되는 광고의 대다수가 이미지 배너이다. 당연히 이미지 배너가 좀 더 눈에 잘 띈다. 이미지 배너는 네이티브 소재에 비해서 디자인도 필요하고, 네이버 가이드에 맞추어야 하므로 다소 번거롭다. 그보다는 간편하게 만들 수 있는 네이티브 소재를 추천한다. 이미지 소재를 아무리 화려하게 만들어도 카피나 이벤트가 약하다면 클릭을 이끌어낼 수 없다.

네이티브 소재에 필요한 이미지는 프로필 이미지(300×300)와 1200×628와 342×228 사이즈가 전부이다. 사진은 준비했지만 사이즈를 어떻게 맞추어야 할지 모르겠다면 데스크톱에 설치되어 있는 그림판으로 사이즈를 조절해도 된다.

이미지를 준비했다면 이제 홍보 문구만 넣으면 된다. 참고로 지역을 지정해 광고할 거라면 카피를 넣을 때 지역명도 넣는 것을 추천한다. 예를 들어 '부산 동래구 맘들을 위한 희소식'라는 카피가 들어가면 좀 더 친근함이 들어 클릭률에 도움이 될 수 있다.

[그림100] 지역명이 포함된 네이티브 소재

카카오 배너 광고,
카카오모먼트

    대한민국에 살고 있다면 누구나 스마트폰에 카카오톡 하나쯤은 설치되어 있을 것이다. 그런 카카오톡을 활용해 내가 원하는 고객만 골라 홍보할 수 있다니! 얼마나 매력적인가? 그리고 카카오톡 채널을 활용해 고객 관리를 하는 업체라면 더욱이 카카오 광고를 눈여겨봐야 할 것이다.

    카카오는 다음(daum)의 검색 서비스와 카카오톡 외에도 다양한 서비스를 제공한다(카카오헤어, 카카오맵, 카카오택시, 카카오TV 등). 카카오광고를 이용하면 카카오의 다양한 서비스에 광고를 노출하는 것은 물론이고 방대한 빅데이터를 활용해 광고 타깃팅을 할 수 있다는 이점이 있다. 네이버 GFA와 다른 점이 있다면 네이버의 경우 고객이 많이 보는 콘텐츠나 제품을 빅데이터화하여 타깃팅할 수 있었다면 카카오는 카카오의 다양한 서비스를 이용 중인 고객들의 빅데이터를 가지고 광고한다. 예를 들면 카카오맵, 카카오내비를 이용해서 자주 여행

가는 A씨의 정보를 수집해 여행 관련 제품이나 여행 상품 광고가 우선 노출되도록 하는 것이다.

카카오의 광고 플랫폼의 정식 명칭은 '카카오모먼트'이다. 카카오모먼트를 통해서 카카오비즈보드, 디스플레이 광고, 동영상 광고, 채널 메시지 광고 등을 할 수 있는데, 일부 내용은 〈5장. 그 외 다양한 홍보 채널〉에서 소개했으니 이번에는 카카오비즈보드와 디스플레이 광고를 중심으로 설명하겠다.

카카오톡 상단에 나오는 광고가 바로 비즈보드다. 카카오톡을 사용한다면 누구나 봤을 텐데, 보면 항상 배경색이 동일하다. 이 광고는 디자인 폼이 정해져 있어 이미지와 카피만을 넣으면 된다. 앞서 설명한 네이버 GFA의 스마트채널이 있다. 그밖에는 이미지형 배너 광고나 네이티브 광고 역시 가능하다. 카카오모먼트 광고의 노출 지면은 PC와 MO(모바일), 카카오의 다양한 서비스 애플리케이션, 카카오 제휴 매체 등으로 매우 다양하다.

카카오모먼트 광고도 캠페인-그룹-소재 순이며 만드는 방법 또한

[그림101] 카카오모먼트 광고-비즈보드, 이미지 광고 소재, 네이티브 광고 소재

매우 유사하다.

☺ 카카오모먼트-캠페인

카카오모먼트는 광고 유형이 다양하다. 카카오 제휴 서비스가 추가될 때마다 광고 지면도 많아지는 것이다. 앞서 얘기한 대로 배너 광고도 카카오비즈보드와 디스플레이 광고에서 진행한다.

다음으로 광고 목표에는 '전환', '방문', '도달', '조회'가 있다. 전환은 GFA와 마찬가지로 구매 전환 스크립트를 홈페이지나 쇼핑몰에 삽입할 수 있어야 사용 가능하다. 조회는 영상 광고에만 해당된다. 방문은 클릭당 과금, 즉 CPC 광고 형태이며, 도달은 노출당 과금, 즉 CPM 광고이다. CPM 광고는 노출을 중요시하기 때문에 방문을 목표로 한다면 디스플레이 광고 또는 비즈보드 광고를 추천한다.

☺ 카카오모먼트-그룹

카카오모먼트 또한 GFA와 마찬가지로 타깃 설정과 노출 지면 설정이 가장 중요하다. 먼저 노출 타깃 설정에 대해서 살펴보자. 카카오모먼트는 맞춤 타깃에 내 데이터 설정과 추가설정이 있는데 내 데이터 설정은 리타깃팅 광고를 위해서 필요한 부분이다.

일반적으로 처음 광고를 진행할 때는 추가설정을 통해 관심사와 업종으로 타깃팅한다. GFA와 비교해 보면 관심사 부분은 동일하지만, 카카오는 미리 업종별로 관심 있어 할 만한 고객을 분류해 두었다는 점이 다르다. 관심사 설정에 서툴다면 업종만 선택해도 된다.

[그림102] 카카오모먼트 광고-그룹-타깃 설정

　다음으로 데모 타깃팅에서 나이, 성별, 광고 노출 지역을 설정하면 타깃 설정이 완료된다. 지역 노출은 동 단위까지 세부 타깃팅되는데 이렇게 자세히 타깃팅하면 모수가 너무 적으니 3~4개 이상의 동을 함께 선택하는 것을 추천한다.

　타깃 설정을 마무리했다면 이제 노출 지면을 체크해야 한다. 모든 노출 지면을 선택하면 불필요한 노출이 많아질 수 있으니 꼭 확인해 보길 바란다. 특히 디스플레이 광고의 경우 네트워크 지면, 즉 카카오 제휴 매체에서 광고가 노출되는데 개인적으로는 카카오 외에 다른 매체까지 노출할 필요는 없다고 생각한다. 그러니 가능한 한 네트워크 지면은 제외하고 진행하는 것을 추천한다. 또 PC 매체 역시 굳이 노출할 필요가 없을 것으로 보인다. 카카오의 서비스 대부분이 모

[그림103] 카카오모먼트 광고-그룹-노출 지면

바일 중심이기 때문이다.

카카오모먼트 비즈보드의 경우 클릭당 600~800원 정도로 네이버 GFA의 스마트 채널에 비해 비용이 적지만 그렇다고 해서 아주 저렴한 것은 아니다. 사람들이 하루에도 몇 번씩 카카오톡을 열어보기 때문에 오히려 스마트 채널보다 더 빠르게 광고비가 소진되기도 한다.

☺ 카카오모먼트-광고 소재

카카오모먼트에서 가장 손쉽게 만들 수 있는 소재가 바로 비즈보드와 네이티브이다. 비즈보드의 경우 이미지 한 장과 짧은 광고 문구만 있으면 빠르게 제작할 수 있다. 그중에서도 가장 쉬운 섬네일형을 추천한다. 그리고 네이티브 소재 또한 프로필 이미지와 홍보 이미지만 추가하면 손쉽게 만들 수 있다.

[그림104] 카카오모먼트 광고-광고 소재-비즈보드 만들기

광고 소재는 사용자를 유혹하는 마지막 단계이다. 최근에는 화려한 배너보다는 만들기 쉬운 배너가 많이 보인다. 이러한 광고들은 화려함보다는 혜택이나 카피로 고객을 자극한다. 워낙 광고가 많다 보니 사용자들이 피로함을 느껴 광고가 많은 매체를 꺼리기 때문이다. 때문에 매체에서도 부담스럽지 않은 광고로 대처하는 것으로 보인다. 이러한 상황 때문에 카카오비즈보드의 경우에도 처음 상품이 나왔을 때보다 클릭률이 조금 떨어졌다.

> **참고**
>
> 카카오 광고교육(Kakao businness seminar)의 주소는 https://bizseminar.kakao.com/이다.

구글 광고,
구글 애즈

고객이 몰리는 곳에 광고해야 한다는 생각은 누구나 할 수 있다. 그런 점에서는 구글 광고가 으뜸이라고 할 수 있다. 국내에서도 가장 이용자가 많은 유튜브라는 매체가 있기 때문이다. 뿐만 아니라 신문 매체, 모바일 애플리케이션, 커뮤니티 매체 등 광고 지면이 매우 다양하다. 때문에 네이버, 카카오, 인스타그램, 페이스북 광고에 비해 상대적으로 클릭당 가격이 저렴하지만, 타깃팅을 더 꼼꼼하게 해야 하는 매체이기도 하다.

구글 광고는 '구글 애즈(ads.google.com)'라고 하며 구글 애즈에 검색 광고, 배너 광고, 유튜브 광고 모두 세팅할 수 있다.

최근 유튜브에는 영상 소재 외에도 이미지 소재의 노출이 많아졌다. 때문에 이미지형 배너 세팅을 중심으로 설명하고자 한다. 영상 광고의 경우 유튜브에 영상을 올리고 채널을 운영한다면 광고도 세팅도 어렵지 않다. 진행 과정도 동일하다. 다만 과금 방식이 다르다. 영

[그림105] 유튜브 이미지 광고(좌), 영상 광고(우)

[그림106] 구글 배너 광고-언론사 지면 노출

상 광고의 경우 CPC 광고가 아닌 CPV 광고다. 즉 영상을 보여줄 때마다 광고비를 지불한다.

😀 구글 애즈-캠페인

구글도 캠페인에서 광고 목표와 광고 유형을 선택한다. 광고 목표에 따라서 선택 가능한 광고 유형도 달라진다. 구글의 캠페인 목표는 조금은 모호하게 구분되어 있다. 그래서 처음 해 보는 분들이라면 뭘 선택할지 고민이 많이 될 것이다. 조금 더 설명하자면 사용자들이 어떤 행동을 많이 하느냐에 따라 목표를 다르게 정해두었다고 이해하면 조금 쉬울 것이다. 구글 광고는 클릭률이 높은 고객에게는 웹사이

[그림107] 구글 애즈-목표 설정과 캠페인 유형 선택

트 트래픽 광고를 좀 더 자주 보여준다. 또 광고를 본 후 자신의 전화 번호와 이름을 남겨 상담받은 이력이 있는 사용자에게는 리드 광고를 더 자주 노출시켜 액션을 유도한다. 이처럼 동일한 광고 소재라도 어떤 목표를 가지고 광고하느냐에 따라 결괏값이 달라질 수 있다. 참고로 오프라인 매장 방문 및 프로모션이라는 선택지도 있는데 아직 우리나라에서는 사용할 수 없다.

참고

디스커버리 광고와 디스플레이 광고의 차이

이해하기 쉽게 설명하자면 둘 다 배너 광고 형태이지만, 디스커버리 광고가 유튜브 중심으로 집중 노출되는 광고인 반면, 디스플레이 광고는 유튜브를 비롯한 네트워크 지면, 애플리케이션 광고 지면 등에서도 노출되는 광고이다.

☺ 구글 애즈-그룹

구글애즈의 경우 입찰 방법에 대해서 잘 알아야 한다. 구글애즈는 타 플랫폼과 달리 기본적인 전환, 즉 광고 성과에 초점을 맞춘 입찰 전략이 기본이다. 원래 성과 측정을 위해서는 홈페이지에 전환 스크립트(픽셀)을 삽 입해야 한다. 하지만 최근에는 굳이 스크립트(픽셀)를 삽입하지 않아도, 구글 AI가 방문자들의 행동 패턴을 분석하여, 전환 부분을 스스로 파악한다. 그리고 광고가 진행이 될수록 전환 성과가 좋아지도록 스스로 학습한다. 만약웹사이트 트래픽을 높이는 것을 목표로 한다면 굳이 전환에 초점을 둘 필요가 없다. 이런 경우에는 그림

타겟팅할 위치 선택 ⑦
○ 모든 국가 및 지역
○ 대한민국
◉ 다른 위치 입력

타겟 위치 (1)
구리시, 경기도, 대한민국 도시

🔍 타겟팅할 위치 또는 제외할 위치 입력   구규검색

[그림108] 구글 애즈-위치 타깃팅

109와 같이 입찰 전략 직접 선택을 클릭수 최대화나 수동 CPC로 선택하여 진행해 보자. 다음은 타깃팅이다. 최근에는 기초적인 타깃팅만 설정해 두면 AI 스스로가 학습하여 더 좋은 타깃팅을 해 주는 추세이다. 만약 웹 사이트 트래픽 목표로 운영한다면 캠페인에서 스마트 디스플레이 캠페인을 선택하기보다는 표준 디스플레이 캠페인으로 직접 타깃팅하는 것이 좀 더 효율적이다. 구글애즈의 경우 직접 타

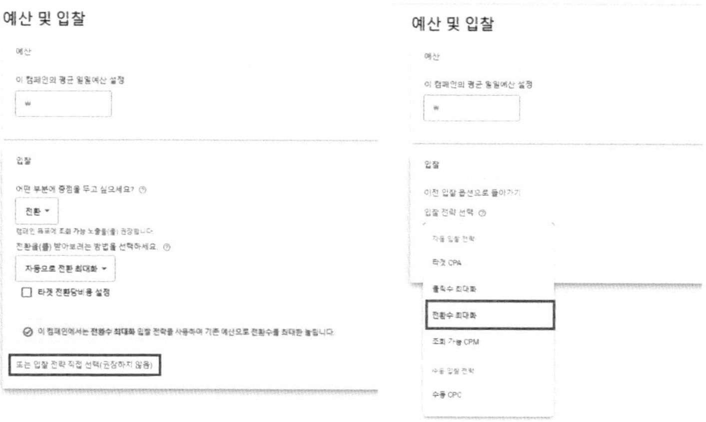

[그림109] 구글 애즈-입찰 전략

깃팅할 때는 타 플랫폼과 달리 유튜브, 언론사 노출 등으로 노출 범위가 넓어 좀 더 세부적으로 타깃팅해도 무방하다. 스마트 디스플레이 캠페인은 구글 AI가 스스로 학습해 자동으로 타깃팅, 입찰 등을 해 주는데 이는 전환이 주목표이기 때문이다. 최근 AI 기술이 발전해 사람이 수동으로 입찰하고 타깃팅했을 때와 AI의 성과를 비교해 보면 큰 차이가 나지 않거나 오히려 AI가 더 좋은 성과를 낼 때도 있다. 그래서 점점 스마트 디스플레이 캠페인을 많이 사용하는 추세이다. 구글 애즈의 경우 CPC는 평균적으로 200~400원정도 과금되며, 운영 점수가 높아지면 100원대 이하로 과금될 수도 있다.

[그림110] 구글 애즈-관심사 타깃 및 데모 타깃

🙂 구글 애즈-광고 소재

구글 애즈의 소재를 만드는 것 또한 어렵지 않다. 이미지형 배너의 경우 사이즈에 맞게 수십 개의 배너를 만들어야 한다. 노출되는 지면이 워낙 다양하다 보니 배너 사이즈가 일정하지 않기 때문이다. 그래서 그보다는 비교적 쉬운 반응형 배너를 만들면 된다. 반응형 배너는 이미지, 로고, 텍스트만 있으면 배너 사이즈에 맞추어 노출되는데, 이는 네이버 광고나 카카오 광고의 네이티브 광고 소재를 만드는 것과 비슷하다. 만약 짧은 영상이 있다면 동영상을 추가할 수도 있다. 이때 제목 및 설명, 이미지를 좀 다양하게 등록하면 구글 AI가 스스로 학습해 최적의 조합으로 광고를 노출시킨다.

[그림111] 구글 애즈-반응형 소재 만들기

인스타그램 및 페이스북 광고

국내 페이스북의 이용자 수가 조금씩 하락하는 반면 인스타그램은 이용자 수가 소폭 상승하고 있으며 릴스 출시 이후 기존 사용자들도 꾸준히 이용하는 것으로 보인다. 소상공인들이 가장 손쉽게 접근할 수 있는 배너 광고가 인스타그램 광고가 아닐까. 인스타그램의 경우 모바일에서 게시물을 올리면 광고를 해 보라는 알림이 뜬다. 이때 결제 카드를 등록하고 모바일에서 타깃팅하면 아주 손쉽게 광고를 시작할 수 있다.

사실 개인 게시물에 비해 기업체나 매장 인스타그램의 광고는 반응이 그다지 좋지 않다. 그야 광고이기 때문이다. 게다가 초기에는 팔로워도 적어 홍보가 쉽지 않을테니 필히 광고를 진행해 보기를 바란다.

앞서 얘기한 대로 모바일에서 손쉽게 광고를 만들 수 있다. 먼저 내 계정에서 광고 도구를 클릭한 후 홍보할 게시물을 선택한다. 다음으로 목표를 선택하는데 프로필 방문 늘리기를 통해 팔로워를 늘릴 수 있고, 웹사이트 방문 늘리기를 통해서는 계정에서 설정해둔 랜딩페이지로 방문을 유도할 수 있다. 다음으로 노출 지역과 관심사, 성별, 연령을 선택하고, 예산을 설정하면 광고가 만들어진다. 마지막으로 결제 수단만 추가하면 게시물 심사 후 광고가 진행된다.

아마 그 어떤 배너 광고보다 쉽게 만들 수 있을 것이다. 매장 이벤트 홍보나 프로필 방문을 주목적으로 한다면 설명한 대로 모바일에서 설정하는 것이 편하다. 하지만 좀 더 다양한 전략을 사용하고 싶거나 다른 목표로 광고하려고 한다면 PC에서 접속해 비즈니스 계정(business.facebook.com)을 사용하는 것을 추천한다.

[그림112] 인스타그램 광고 만들기 ①

비즈니스 계정을 활용하면 캠페인에서 좀 더 다양한 목표를 설정

[그림113] 인스타그램 광고 만들기 ②

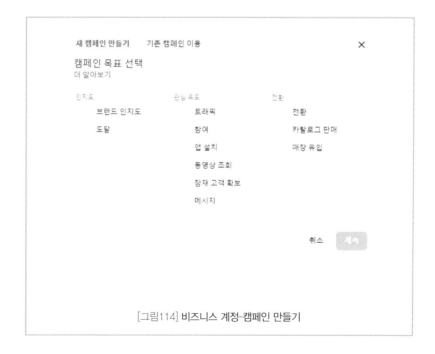

[그림114] 비즈니스 계정-캠페인 만들기

할 수 있다(그림114 참조). 예를 들어서 웹사이트 방문을 유도하는 트래픽 광고 외에도 '잠재고객확보'와 같은 광고도 진행할 수 있다. 잠재고객확보란 고객상담을 위해 고객 데이터를 확보하는 광고라고 생각하면 된다. 링크를 클릭했을 뿐인데 페이스북 광고 폼에 전화번호, 이름 등이 자동 입력되는 것을 겪어본 적이 있을 것이다. 이런 광고뿐만 아니라 쇼핑몰을 운영하는 업체라면 전환 광고나 카탈로그 판매 광고도 진행 가능하다.

또 다른 점은 노출 위치를 선택할 수 있다는 것이다(그림115 참조). 비즈니스 계정 그룹 단위를 이용하면 인스타그램에서도 원하는 위치

[그림115] 비즈니스 계정-광고 노출 위치

에 광고할 수 있다. 광고 위치를 별도로 선택하지 않으면 AI가 자동으로 성과가 가장 좋은 곳에 광고를 노출시켜 주지만, 불필요한 노출이 싫다면 직접 조정할 수도 있다.

광고 소재 부분에도 차이가 있다. 모바일에서는 게시물을 이용하여 광고할 수밖에 없다. 하지만 비즈니스 계정을 사용하면 게시물 외에도 여러 개의 광고 소재를 만들어 비교 테스트를 진행해 볼 수 있다.

배너 광고의 경우 페이스북, 구글 등 한 가지 매체만 다루어 내용이 굉장히 방대하다. 이 책에서는 그보다 소기업, 소상공인에게 필요한 내용만 정리해 소개했으니 실제로 광고하려고 할 때는 좀 더 다양한 정보를 찾아 공부해 보기를 바란다. 다시 말하지만 배너 광고의 핵심은 **타깃팅**과 **광고 소재**다. 이 부분을 꼭 기억하자.

[그림116] 비즈니스 계정-광고 소재

소상공인을 위한
온라인 광고 플랫폼

초판 1쇄 발행   2022년 06월 24일

지은이   최재혁, 홍승모
발행인   곽철식

편집   구주연
디자인   박영정
펴낸곳   다온북스
인쇄   영신사

출판등록   2011년 8월 18일 제311-2011-44호
주소   서울시 마포구 토정로 222, 한국출판콘텐츠센터 313호
전화   02-332-4972   팩스   02-332-4872
전자우편   daonb@naver.com

ISBN 979-11-90149-81-5   (03320)